Derivative Documentation

必携 デリバティブ・ドキュメンテーション 別冊

サマリー版
当初証拠金契約書の実務

植木雅広 [著]

近代セールス社

はじめに

　本書は、筆者が2018年9月7日に、株式会社近代セールス社主催の「非清算集中店頭デリバティブ取引の当初証拠金に関する契約書実務」セミナーで行った講義の説明資料を、加筆編集したものである。

　上記セミナーは好評を博し、多数の方々にご参加いただいたが、当日、他用が重なり、同セミナーに参加できなかった方々より、後日、その説明資料の購入希望が多く届いた。

　そのため、ご希望に応えるべく、説明資料を下記の章立てに編集し、かつセミナーでは講義を行わなかったClearstream Banking S.A.のCollateral Transfer AgreementとSecurity Agreementの解説を第3章、第4章に追記、更に第6章として、JPMorgan Chase Bank, N.A.のAccount Control Agreementに関する説明資料も作成・追加し、一冊の書籍として刊行することにした。

　また、セミナーの開催後、2018年10月に制定・発表された2018 Credit Support Annex for Initial Margin（IM）、2018 Credit Support Deed for Initial Margin（IM）については、従前のIM CSA（IM CSD）からの主な改訂点を第2章に追記した。更に、2019年1月に制定・発表されたEuroclear Bank SA/NV、Clearstream Banking S.A.兼用の2019 Collateral Transfer Agreement for Initial Margin（IM）、2019 New York Law Security Agreement for Initial Margin（IM）、2019 English Law Security Agreement for Initial Margin（IM）についても第3章、第4章に追記した。

第1章　非清算集中店頭デリバティブ取引の当初証拠金に関する契約書実務
第2章　IM CSAの概要と特約記入欄の記入方法
第3章　Euroclear またはClearstreamのCollateral Transfer Agreement（CTA）の概要
第4章　Euroclear またはClearstreamのSecurity Agreement（SA）の概要

第5章　The Bank of New York Mellon（BNYM）のGlobal Collateral Account Control Agreement（ACA）の概要

第6章　JP Morgan Chase Bank, N.A.（JPM）のAccount Control Agreement（Triparty）（ACA）の概要

第7章　「当初証拠金分別信託契約書（特定包括信託契約）」の概要

　但し、本書は緊急出版のため、各章の記述は基本的には説明資料の箇条書きスタイルのままである。その点は、平にご容赦願えれば幸いである。目下、非清算集中店頭デリバティブ取引の変動証拠金・当初証拠金に関する契約書および清算集中に関するCDEA契約書、Stay規制関連契約書の実務の全てを解説する、『必携デリバティブ・ドキュメンテーション　規制対応編』（以下『規制対応編』）を執筆中であり、2020年の春先には完成する予定である。本書の至らない点については、『規制対応編』にて補完する所存である。読者諸氏のご期待に応えられるよう、全力を尽くしたい。

　なお、毎回、繰り返して記しているが、本書における解説、記入例等は、あくまでも筆者の個人的見解に基づくものであり、筆者の現在の勤務先や過去に所属した組織で行われている実務とは全く別のものであることを、あらかじめ申し上げておく。また、執筆にあたり、読者諸氏や業界関係者の好意により、取材協力、資料提供をいただいたが、取材源（ニュースソース）は著述家の職業上の秘密であるため、取材源の開示請求はご遠慮願いたい。

　また、IM CSA、カストディアン契約等の条項や文言の解釈、それらの契約書の特約部分の記入方法等に関する解説は、あくまでも筆者個人の見解に基づくものであり、ISDA、カストディアン各社、信託業協会等の各団体の公式見解とは必ずしも一致しないことも、併せて、あらかじめ申し上げておく。

　更に、改めて言うまでもないことだが、本書は筆者個人名による出版物であり、当然のことであるが、本書の文責および著作権はすべて筆者個人に在ることを明記しておく。従って、本書に誤字脱字、誤解を与えるような記述が発見された場合には、筆者まで、ご連絡いただければ幸いである。但し、本書は、あくまでも一般的な立場から書かれた解説書であるため、本書の記述を鵜呑みにしないでいただきたい。実際に個別のドキュメンテーションを

行う際や、法令、税制が争点となっている場合には、各会社にて弁護士、公認会計士、税理士などの専門家に改めて相談されることをお勧めする。

　最後に、本書の出版にあたり、ご尽力いただいた株式会社近代セールス社の飛田浩康氏を始めとするスタッフの方々、筆者の執筆活動を温かく応援してくださった業界関係者、職場の同僚、友人、知人の皆様に、この場を借りて、心より感謝の意を表したい。

平成31年4月　春爛漫の東京にて、去り行く平成を惜しみつつ

　　　　　　　　　　　　　　　　　　　　　　　　　　　　植木雅広

目次

はじめに		**2**
第1章	非清算集中店頭デリバティブ取引の当初証拠金に関する契約書実務	**7**
第2章	IM CSA の概要と特約記入欄の記入方法	**25**
第3章	Euroclear または Clearstream の Collateral Transfer Agreement(CTA)の概要	**43**
第4章	Euroclear または Clearstream の Security Agreement (SA) の概要	**57**
第5章	The Bank of New York Mellon(BNYM)の Global Collateral Account Control Agreement(ACA)の概要	**69**
第6章	JP Morgan Chase Bank, N.A. (JPM)の Account Control Agreement (Triparty) (ACA)の概要	**83**
第7章	「当初証拠金分別信託契約書(特定包括信託契約)」の概要	**97**

第1章

非清算集中店頭デリバティブ取引の当初証拠金に関する契約書実務

1 日本のマージン規制の概要

変動証拠金と当初証拠金

証拠金の種類	その趣旨と目的
変動証拠金（Variation Margin / VM）	非清算集中店頭デリバティブ取引の時価に対応する証拠金であり、日々の時価変動をオフセットするもの。 →被担保取引とのネッティング、運用が可能。
当初証拠金（Initial Margin / IM）	非清算集中店頭デリバティブ取引について、将来、発生し得る費用または損失の合理的な見積額に対応する証拠金であり、デフォルト発生から損害額の確定までの間に生じる可能性のある不測の事態に備えるもの。 →分別管理、倒産隔離が必要。被担保取引とのネッティング、運用は不可。

規制の段階的適用

証拠金の種類	残高基準（想定元本ベース）	適用時期
VM	420兆円超	2016年9月1日（VM Phase 1）
	3,000億円以上	2017年3月1日（VM Phase 2）
	3,000億円未満（監督指針適用）	2017年3月1日（VM Phase 2）
IM	420兆円超	2016年9月1日（IM Phase 1）
	315兆円超	2017年9月1日（IM Phase 2）
	210兆円超	2018年9月1日（IM Phase 3）
	105兆円超	2019年9月1日（IM Phase 4）
	1.1兆円超	2020年9月1日（IM Phase 5）

（注）規制義務対象先の判定に係る想定元本の残高計算は次のように行う。

	VM	IM
計算対象取引	店頭デリバティブ取引	非清算集中店頭デリバティブ取引、非清算集中店頭商品デリバティブ取引及び先物外国為替取引
計測期間及び算出方法	前々年4月から前年3月まで（基準時が12月の場合は前年4月からその年の3月まで）の各月末時点における清算集中取引を含む店頭デリバティブ取引残高の平均額で算出。	前年の3月から5月まで（基準時が9月から12月に属する場合はその年の3月から5月まで）の各月末日における上記計算対象取引の想定元本の平均額で算出。
計算対象主体	個社別の残高ベース（金商法上の登録主体ベース）	グループ連結ベース（当該企業グループ全体の残高ベース）

　特に注意が必要なのは、IMの規制義務対象者の判定に係る取引残高の計算対象取引に、IM授受の対象取引ではない先物外国為替取引が含まれる点である。その結果、先物外国為替取引を主に取引している会社が、IMの規制義務対象先に該当しつつも、デリバティブ取引の残高が皆無または僅少のため、実際にはIM授受が発生しないにも拘わらず、IM CSA等を締結し、カストディアン（グローバル・カストディアン）や信託銀行によるIM授受のインフラ整備を行う義務が課せられるという矛盾が発生してしまう。

　但し、上記矛盾については、2019年3月5日にBCBS（Basel Committee on Banking Supervision ／ バーゼル銀行監督委員会）とIOSCO（International Organization of Securities Commissions ／ 証券監督者国際機構）が共同で発表したマージン規制の最終フェーズ（IM Phase 5）に関するステートメントにより、解決が図られた。同ステートメントは、算出されたIM必要額が、グループ連結ベースでの計5千万ユーロのIM threshold（IM免除限度）以内に収まる場合には、IM CSA等の締結、カストディアンや信託銀行を用いたIM授受が免除される旨を記している。通常、企業グループ全体で上限5千万ユーロとして許容されるIM Thresholdは、同企業グループ内の各会社に分配されるため、当該会社とその特定の取引相手との非清算集中店頭デリ

バティブ取引について算出されたIM必要額が同会社に分配されたIM Threshold以内に収まっていれば、同会社は同取引相手との間ではIM CSA等の締結やIM授受を免除されるものと考えられる。今後、上記ステートメントの趣旨が金融当局によって各国マージン規制に反映されるのを期待したい。

② IM Phase 5（いわゆるIM Big Bang）に向けて

・本邦金融機関の約40社がIM Phase 5に該当するとの見方あり。→混乱が予想される。

・金融庁の方針は「原則、本邦金融機関は信託契約を使用。但し、本邦のマージン規制と外国のマージン規制が重複適用される本邦金融機関については、当面の間はカストディアンの使用も可。」としているが、不明確な点もあるため、詳細は弁護士等に要確認。

・IM管理が可能な信託銀行が実質的に2行のみ。→処理能力の限界、IM専門ノウハウの不足等の問題あり。

・カストディアンも実質的に2社の寡占状態。→処理能力の限界、カストディアン契約が英語、日本法との法的矛盾、一括清算法の改正論議（注）等の問題あり。

（注）カストディアンによる質権担保と日本の会社更生法の法的矛盾によって担保の即時実行が不可となる問題点については、その解決策として、一括清算法を質権担保にも適用する旨の改正法案が2019年3月15日に国会に提出され、同年4月現在、審議中である。

③ 各Phaseにおける当初証拠金対応の作業スケジュール

2月〜3月　各社独自のアンケートの想定対象先への送付と結果の集計

4月〜7月　担保明細書の締結（カストディアンを使用する場合）

6月〜8月前半　IM CSA等、カストディアン契約、信託契約の締結

8月後半〜9月　事後処理と担保オペレーション準備

第1章
非清算集中店頭デリバティブ取引の当初証拠金に関する契約書実務

４ IM CSA等のドキュメンテーションにおいて、事前に取引相手に照会するべき事項

下記①〜⑥の事項の照会により、どの契約書を使用するべきかが判明する。通常、2月〜3月頃に、IM CSA等の締結が想定される取引先に照会のためのアンケートを送付。

①IM分別管理に使用するのはカストディアン、信託銀行のいずれか、及びその社名

→日本では、金融庁の指導により、本邦金融機関は、原則として信託銀行を使用することが推奨されているが、本邦のマージン規制と外国のマージン規制が重複適用される場合には、「当面の間」、本邦金融機関もカストディアンの使用が可能（注）。そのため、大手本邦金融機関同士、本邦金融機関と外資系金融機関の間では、カストディアンを使用している場合が多い。

（注）この点については、2019年4月現在、国会で審議中の一括清算法の改正により、今後、変更される可能性あり。

　　カストディアン：The Bank of New York Mellon（以下BNYM）
　　　　　　　　　　Euroclear Bank SA/NV（以下EB）
　　　　　　　　　　Clearstream Banking S.A.（以下CLB）
　　　　　　　　　　JP Morgan Chase Bank, N.A.（以下JPM）

→BNYMとEBが大半のシェアを占めており、実質的に2社による寡占状態。

　　信託銀行（注）：日本マスタートラスト信託銀行（三菱UFJ信託銀行との共同受託）
　　　　　　　　　　資産管理サービス信託銀行（みずほ信託銀行からの再受託）

11

（注）厳密には資産管理専門信託銀行と呼ばれ、企業から預託された有価証券等の保管、決済、報告等を専門に行う。上記2行以外に日本トラスティ・サービス信託銀行があるが、2021年を目途に資産管理サービス信託銀行と合併の予定。

	カストディアン	信託銀行
IM管理に要する費用	年間費用は1,000万円以上	年間費用は100万円単位
IMに使用可能な担保	原則、債券のみ使用可能	債券も現金も使用可能
IM授受オペレーションの利便性	オート・アロケーション・サービスあり	担保額と銘柄の指定が必要
契約書の特色	英文契約書かつ外国法準拠	和文契約書かつ日本法準拠
法的な特色	日本法との法的矛盾が発生	全て日本法で完結可能
ドキュメンテーション交渉	主に外資系金融機関との交渉	日本の金融機関との交渉

（注）カストディアンや信託銀行を新規に利用する際は、KYC手続（本人確認手続）に時間と手間が掛かることに要注意。

②IMに使用する担保物

→主として、G10諸国の国債、国際機関の債券等、現金は稀。

③適用されるマージン規制は、いずれの国・地域のマージン規制か？

・本邦金融機関同士で日本国内だけの取引であれば、日本のマージン規制のみが適用されるが、取引相手が外資系金融機関の場合や、取引相手が本邦金融機関であってもその海外支店と取引がある場合等には、日本及び関係する外国のマージン規制も適用される。詳細は弁護士に要確認。

・同等性評価や代替コンプライアンスは不明瞭であり、片務的なケースが多い。詳細は弁護士等に要確認。

・③の確認には、ISDA制定のSelf-Disclosure Letterの活用も可能だが、記入内容が細かすぎて、かえって不便。

④使用するIM CSA等の版（ニューヨーク州法準拠版、英国法準拠版、日本法準拠版）

⑤担保管理部署（Collateral Management Unit / CMU）の場所と連絡先

⑥ドキュメンテーション担当者の連絡先

5　当初証拠金の授受に必要な契約書

(1) カストディアンによる当初証拠金授受に必要な契約書とその準拠法

[IM CSA等のIM契約書の種類]

　ISDA制定の契約書と、ISDAとカストディアンが共同制定した契約書がある。使用するカストディアンや取引相手の所属する法域により締結する契約書の種類・準拠法が異なるため、1つの契約書で双方の担保差入を規定する場合（two way方式）と、Party Aの担保差入用とParty Bの担保差入用の契約書の2つを締結する場合（one way方式）がある。いずれも二者間で締結。

制定者	契約書名
ISDA	ニューヨーク州法準拠IM Credit Support Annex（"NY IM CSA"）
	英国法準拠IM Credit Support Deed（"UK IM CSD"）
	日本法準拠IM Credit Support Annex（"JP IM CSA"）
ISDAとEBの共同制定	Euroclear版英国法準拠Collateral Transfer Agreement（"UK EB CTA"）
	Euroclear版ニューヨーク州法準拠Collateral Transfer Agreement（"NY EB CTA"）
ISDAとCLBの共同制定	Clearstream版英国法準拠Collateral Transfer Agreement（"UK CLB CTA"）
	Clearstream版ニューヨーク州法準拠Collateral Transfer Agreement（"NY CLB CTA"）

（注）NY IM CSA、UK IM CSD、JP IM CSAは2016年に制定され、その後、2018年にNY IM CSA、UK IM CSDの新様式が制定された。しかし、2018年版のリリース後も、2016年版のNY IM CSA、UK IM CSDは使用可能であり、実務上、2016年版と2018年版の差異はほとんど無い。また、EB CTAには2016年版、2017年版、2018年版、2019年版があり、CLB CTAには2016年版、2019年版があり、更にEB、CLB兼用のCTAも2019年に制定されている。しかし、各様式の内容には実質的に大差は無く、新版のリリース後も旧版の使用は可能である。

[カストディアン契約の種類]

　使用するカストディアンにより、担保授受を行う二者間で締結するものとカストディアンを含めた三者間で締結するものがある。いずれの契約書もone way方式で締結する。

第1章

非清算集中店頭デリバティブ取引の当初証拠金に関する契約書実務

カストディアン	契約書名	契約当事者
EB	ISDA Euroclear Security Agreement（"EB SA"）	・担保差入人 ・担保受入人
BNYM	BNYM Global Collateral Account Control Agreement（"BNYM ACA"）	・担保差入人 ・担保受入人 ・カストディアン
CLB	ISDA Clearstream Security Agreement（"CLB SA"）	・担保差入人 ・担保受入人
JPM	JPM Account Control Agreement（Triparty）（"JPM ACA"）	・担保差入人 ・担保受入人 ・カストディアン

（注）EB SA には2016年版、2018年版、2019年版が、CLB SA には2016年版、2017年版、2019年版が、それぞれあり、更に2019年に両者を統合したEB、CLB兼用版SAもある。しかし、いずれの版も実質的には内容に大差は無く、新版のリリース後も旧版の使用は可能である。

[担保明細書の概要]

担保明細書は各当事者がIMに使用する財物とその担保掛目等を記載した書類。いずれの担保明細書もone way方式で締結する。

カストディアン	担保明細書名	署名者	締結方法
EB	Collateral Profile	・担保差入人 ・担保受入人 ・カストディアン	署名及びカストディアンを介した双方による担保明細番号の確認
BNYM	Eligible Collateral Schedule（"ECS"）	・担保差入人 ・担保受入人 ・カストディアン	署名
CLB	Appendix A. Counterparty acceptance list and basket（"Appendix A"）	・担保受入人 ・カストディアン	署名及びカストディアンを介した双方による担保明細番号の確認
JPM	Collateral Management Eligibility Schedule（"CMES"）	・担保差入人 ・担保受入人 ・カストディアン	署名

15

(2) 使用するカストディアンごとに必要とされる契約書の組合せ

(i) Party A も Party B も EB を使用する場合（最も楽なパターン）

カストディアンに EB を使用する場合には、ISDA 制定の IM CSA を使用することも、EB と ISDA が共同制定した Collateral Transfer Agreement（"EB CTA"）及び Security Agreement（"EB SA"）を使用することも可能。しかし、IM CSA を使用する場合、EB がベルギー国籍のカストディアンであるため、ベルギーの質権に関する規定を IM CSA に追加する必要が生じる。そのため、カストディアンに EB を使用するときは、下記の表のように EB CTA と EB SA を使用するのが一般的である。

担保差入者	カストディアン	IM契約書	カストディアン契約	担保明細書
Party A	EB	EB CTA（two way）	EB SA	Collateral Profile
Party B	EB		EB SA	Collateral Profile

但し、EB CTA に英国法準拠版とニューヨーク州法準拠版があるため、欧州系金融機関と米国の金融機関の間では、英国法準拠 EB CTA（"UK EB CTA"）とニューヨーク州法準拠 EB CTA（"NY EB CTA"）を、下記の表のようにそれぞれ one way 方式で締結する可能性あり。もし幸いにも、両当事者の準拠法が一致する場合には、UK EB CTA または NY EB CTA を上記の表のように two way 方式で締結する。

担保差入者	カストディアン	IM契約書	カストディアン契約	担保明細書
欧州系金融機関	EB	UK EB CTA（one way）	EB SA	Collateral Profile
米国の金融機関	EB	NY EB CTA（one way）	EB SA	Collateral Profile

第1章
非清算集中店頭デリバティブ取引の当初証拠金に関する契約書実務

(ii) PartyAもPartyBもBNYMを使用する場合

双方とも、IM CSAとBNYM ACAを締結する。但し、BNYM ACAに
ニューヨーク州法準拠版（"NY BNYM ACA"）と英国法準拠版（"UK
BNYM ACA"）があるため、米国の金融機関と欧州系金融機関の間では、
NY BNYM ACAとUK BNYM ACAを、それぞれone way方式で締結する
可能性あり。その場合、IM契約書もNY IM CSAとUK IM CSDをone way
方式で締結することになる。その結果、下記のような組合せが考えられる。

[双方とも準拠法がニューヨーク州法の場合]

担保差入者	カストディアン	IM契約書	カストディアン契約	担保明細書
Party A	BNYM	NY IM CSA (two way)	NY BNYM ACA	ECS
Party B	BNYM		NY BNYM ACA	ECS

[双方とも準拠法が英国法の場合]

担保差入者	カストディアン	IM契約書	カストディアン契約	担保明細書
Party A	BNYM	UK IM CSD (two way)	UK BNYM ACA	ECS
Party B	BNYM		UK BNYM ACA	ECS

[双方の準拠法が異なる場合（例：Party Aはニューヨーク州法、Party Bは英国法）]

担保差入者	カストディアン	IM契約書	カストディアン契約	担保明細書
Party A	BNYM	NY IM CSA (one way)	NY BNYM ACA	ECS
Party B	BNYM	UK IM CSD (one way)	UK BNYM ACA	ECS

(iii) Party AがEBを使用し、Party BがBNYMを使用する場合

このケースでは、IM契約書やカストディアン契約をone wayで締結する
のに加えて、その準拠法の選択によって、下記の表のような組合せが考えら
れ、複雑となる。

17

担保差入者	カストディアン	IM契約書	カストディアン契約	担保明細書
Party A	EB	UK EB CTA (one way)	EB SA	Collateral Profile
		NY EB CTA (one way)		
Party B	BNYM	NY IM CSA (one way)	NY BNYM ACA	ECS
		UK IM CSD (one way)	UK BNYM ACA	

(iv) Party A が EB を使用し、Party B が CLB を使用する場合

　カストディアンにCLBを使用する場合には、ISDA制定のIM CSAを使用することも、CLBとISDAが共同制定したCollateral Transfer Agreement（"CLB CTA"）及びSecurity Agreement（"CLB SA"）を使用することも可能。しかし、IM CSAを使用する場合、CLBがルクセンブルク国籍のカストディアンであるため、ルクセンブルクの質権に関する規定をIM CSAに追加する必要が生じる。そのため、カストディアンにCLBを使用するときは、一般にCLB CTAとCLB SAを使用する。なお、このケースでは、IM契約書やカストディアン契約をone wayで締結するのに加えて、EB CTAのみならずCLB CTAにも英国法準拠版（"UK CLB CTA"）とニューヨーク州法準拠版（"NY CLB CTA"）があるため、その準拠法の選択によって下記の表のような組合せが考えられ、複雑となる。

担保差入者	カストディアン	IM契約書	カストディアン契約	担保明細書
Party A	EB	UK EB CTA (one way)	EB SA	Collateral Profile
		NY EB CTA (one way)		
Party B	CLB	UK CLB CTA (one way)	CLB SA	Appendix A
		NY CLB CTA (one way)		

（v）Party A が EB を使用し、Party B が JPM を使用する場合

JPM の ACA にニューヨーク州法準拠版（"NY JPM ACA"）と英国法準拠版（"UK JPM ACA"）があるため、その準拠法の選択によって下記の表のような組合せとなる。

担保差入者	カストディアン	IM 契約書	カストディアン契約	担保明細書
Party A	EB	UK EB CTA (one way)	EB SA	Collateral Profile
		NY EB CTA (one way)		
Party B	JPM	NY IM CSA (one way)	NY JPM ACA	CMES
		UK IM CSD (one way)	UK JPM ACA	

（vi）Party A が BNYM を使用し、Party B が JPM を使用する場合

JPM の ACA に NY JPM ACA と UK JPM ACA があるため、BNYM ACA と IM 契約書の準拠法によって下記の表のような組合せとなる。

［双方とも準拠法がニューヨーク州法の場合］

担保差入者	カストディアン	IM 契約書	カストディアン契約	担保明細書
Party A	BNYM	NY IM CSA (two way)	NY BNYM ACA	ECS
Party B	JPM		NY JPM ACA	CMES

［双方とも準拠法が英国法の場合］

担保差入者	カストディアン	IM 契約書	カストディアン契約	担保明細書
Party A	BNYM	UK IM CSD (two way)	UK BNYM ACA	ECS
Party B	JPM		UK JPM ACA	CMES

[Party Aの準拠法がニューヨーク州法、Party Bの準拠法が英国法の場合]

担保差入者	カストディアン	IM契約書	カストディアン契約	担保明細書
Party A	BNYM	NY IM CSA (one way)	NY BNYM ACA	ECS
Party B	JPM	UK IM CSD (one way)	UK JPM ACA	CMES

[Party Aの準拠法が英国法、Party Bの準拠法がニューヨーク州法の場合]

担保差入者	カストディアン	IM契約書	カストディアン契約	担保明細書
Party A	BNYM	UK IM CSD (one way)	UK BNYM ACA	ECS
Party B	JPM	NY IM CSA (one way)	NY JPM ACA	CMES

（3） 信託銀行による当初証拠金授受に必要な契約書とその準拠法

［IM CSAの種類］

　信託銀行による当初証拠金授受は、通常、本邦金融機関同士の間で行われるため、JP IM CSAを使用する。NY IM CSAやUK IM CSDは、法的矛盾の恐れがあるため、使用しない。

制定者	契約書名
ISDA	日本法準拠IM CSA（"JP IM CSA"）

［信託契約書の種類］

　主たる契約書となる当初証拠金分別信託契約書（特定包括信託契約）については、信託協会が制定した雛形に基づいて、各信託銀行がその様式を制定

している。付属契約書として、各種の協定書、合意書、覚書も締結する。主たる契約書、付属契約書（以下「各種信託契約」と総称）の準拠法は日本法のみ。なお、カストディアンの場合に必要となるACA、担保明細書は当初証拠金分別信託契約書（特定包括信託契約）に内蔵されており、締結不要。

制定者	契約書名
日本マスタートラスト信託銀行（"MTBJ"）と三菱UFJ信託銀行（"MUTB"）の共同制定	当初証拠金分別信託契約書（特定包括信託契約）
	信託報酬に関する合意書
	共同受託に関する合意書
資産管理サービス信託銀行（"TCSB"）とみずほ信託銀行（"MHTB"）の共同制定	当初証拠金分別信託契約書（特定包括信託契約）
	当初証拠金分別信託契約書に関する覚書
	信託事務の委託に関する四者間協定書

(4) 使用する信託銀行ごとに必要とされる契約書の組合せ

(i) Party AもParty Bも同じ信託銀行を使用する場合（最も楽なパターン）
[双方ともにMTBJを使用する場合]

担保差入者	信託銀行	IM契約書	各種信託契約
Party A	MTBJ（MUTBとの共同受託）	JP IM CSA（two way）	MTBJとMUTBの共同制定の各種信託契約（one way）を、Party A、Party B、MTBJ、MUTBの四者間で締結。
Party B	MTBJ（MUTBとの共同受託）		MTBJとMUTBの共同制定の各種信託契約（one way）を、Party A、Party B、MTBJ、MUTBの四者間で締結。

[双方ともにTCSBを使用する場合]

担保差入者	信託銀行	IM契約書	各種信託契約
Party A	TCSB（MHTBからの再受託）	JP IM CSA（two way）	TCSBとMHTBの共同制定の各種信託契約（one way）を、Party A、Party B、TCSB、MHTBの四者間で締結。
Party B	TCSB（MHTBからの再受託）		TCSBとMHTBの共同制定の各種信託契約（one way）を、Party A、Party B、TCSB、MHTBの四者間で締結。

(ii) Party A と Party B の使用する信託銀行が異なる場合

担保差入者	信託銀行	IM契約書	各種信託契約
Party A	MTBJ（MUTBとの共同受託）	JP IM CSA（two way）	MTBJとMUTBの共同制定の各種信託契約（one way）を、Party A、Party B、MTBJ、MUTBの四者間で締結。
Party B	TCSB（MHTBからの再受託）		TCSBとMHTBの共同制定の各種信託契約（one way）を、Party A、Party B、TCSB、MHTBの四者間で締結。

[留意事項]

(1) IM CSA等について

・カストディアンや準拠法の組合せによって、one way方式の締結も有り得る。

・カストディアンがEB、CLBの場合、専用のEB CTA、CLB CTAを締結する。

・特約記入欄（Paragraph 13）に必要事項を要記入。

・適用されるマージン規制によって、対象取引、担保授受タイミング等の契約条件が異なってくる。

・マージン規制上のThresholdの上限額（USD 50 million／70億円）をグループ企業間で分配する。
・マージン規制上、VM CSAとIM CSA等のMinimum Transfer Amountの合計額がUSD 0.5 million（7千万円）以内とされている。

(2) カストディアン契約について
・one way方式で締結を行う。
・三者間で締結する場合（BNYM、JPM）、締結交渉に難儀する恐れあり。
・BNYM ACAの署名済正本の回収が困難。
・特約記入欄は無いが、微細な文言修正や確認規定の追加は有り得る。

(3) 担保明細書について
・受入不可の担保物については拒絶すること。
・最近、JGBについて、残存期間を10年以内とする、担保掛目をより小さくする等の、やや厳しい条件を提示される場合あり。
・三者間で締結する場合（BNYM、JPM）、締結交渉に難儀する恐れあり。

(4) 各種信託契約について
・one way方式で締結を行う。
・特約記入欄は無いが、確認規定の追加等の文言修正は有り得る。

第2章

IM CSAの概要と
特約記入欄の記入方法

1 IM CSAの各様式と法律構成の違い

準拠法およびカストディアンによって計7個の様式あり（注）。

- 2016 Phase One Credit Support Annex for Initial Margin（IM）（Security Interest – New York Law）（以下 NY IM CSA）
- 2016 Phase One IM Credit Support Deed（Security Interest – English Law）（以下 UK IM CSD）
- 2016 Phase One Credit Support Annex for Initial Margin（IM）（Loan – Japanese Law）（以下 JP IM CSA）
- Euroclear Collateral Transfer Agreement（英国法準拠版）（以下 UK EB CTA）
- Euroclear Collateral Transfer Agreement（ニューヨーク州法準拠版）（以下 NY EB CTA）
- Clearstream Collateral Transfer Agreement（英国法準拠版）（以下 UK CLB CTA）
- Clearstream Collateral Transfer Agreement（ニューヨーク州法準拠版）（以下 NY CLB CTA）

（注）2018年10月にNY IM CSAの改訂版2018 Credit Support Annex for Initial Margin（IM）（以下2018 NY IM CSA）とUK IM CSDの改訂版2018 Credit Support Deed for Initial Margin（IM）（以下2018 UK IM CSD）が制定・発表された（JP IM CSAの改訂版は未制定）。それらの主な改定箇所については、本章の末尾に付記。なお、それらの新様式の制定・発表後も、従前のNY IM CSA、UK IM CSDは既存契約としても新規締結としても使用可能。また、EB CTAには2016年版、2017年版、2018年版、2019年版が、CLB CTAには2016年版、2019年版が、それぞれあり（いずれも2019年版はニューヨーク州法・英国法兼用版）、更に2019年に両者を統合したEB、CLB兼用版CTAもある。しかし、いずれの版も実質的には内容に大差は無く、新版のリリース後も旧版の使用

は可能である

② 各様式の法律構成

・NY IM CSA　ニューヨーク州法上の質権（米国質権）
・UK IM CSD　英国法上のfixed charge（質権に類似）
・JP IM CSA　日本法上の消費貸借

・UK EB CTA　契約書自体の準拠法は英国法だが、法律構成はベルギー法上の質権。
・NY EB CTA　契約書自体の準拠法はニューヨーク州法だが、法律構成はベルギー法上の質権。
　→ベルギー法上の質権の詳細はカストディアン契約であるEuroclear Security Agreementに規定。

・UK CLB CTA　契約書自体の準拠法は英国法だが、法律構成はルセンブルク法上の質権。
・NY CLB CTA　契約書自体の準拠法はニューヨーク州法だが、法律構成はルクセンブルク法上の質権。
　→ルクセンブルク法上の質権の詳細はカストディアン契約であるClearstream Security Agreementに規定。

③ 実務上の対応

・取引相手とカストディアン、準拠法が一致するケースはtwo way方式で締結。
・取引相手とカストディアン、準拠法が一致しないケースはone way方式で締結。
　→片サイドごとに異なるIM CSA（IM CSD）やCTAを締結するケース

（one way 方式）が多い。

4 各様式における条項、専門用語の比較分析

　NY IM CSA、UK IM CSD、JP IM CSAの3個のIM CSA様式は、その本文部分がPara 1からPara 12、その特約記入欄がPara 13という基本的な構造は同じだが、その法律構成が異なるため、その条項や専門用語に微妙な相違点がある。

［主要条項の比較］

項　目	NY IM CSA	UK IM CSD	JP IM CSA
Interpretation（解釈）	Para 1	Para 1	Para 1
Security Interest（担保権）（UK IM CSDでは Security、JP IM CSAで　は Security Transaction（Loan））	Para 2	Para 2	Para 2
Credit Support Obligations（担保受渡義務）	Para 3	Para 3	Para 3
Conditions Precedent（前提条件）	Para 4 (a)	Para 4 (a)	Para 4 (a)
Meaning of Transfer（担保引渡の意味）	無し	Para 4 (b)	無し
Transfer Timing（担保引渡時期）	Para 4 (b)	Para 4 (c)	Para 4 (b)
Calculations（計算）	Para 4 (c)	Para 4 (d)	Para 4 (c)
Substitutions（担保差替）	Para 4 (d)	Para 4 (e)	Para 4 (d)
Dispute Resolution（紛争の解決）	Para 5	Para 5	Para 5
General（総則）	無し	Para 6 (a)	無し
Custodian（IM）Risk（カストディアン（IM）のリスク）（JP IM CSAでは Collateral Manager Risk）	Para 6 (a)	Para 6 (b)	Para 6 (a)
Use of Posted Collateral（IM）（保有担保（IM）の運用禁止）（UK IM CSDでは No Use of Posted Credit Support（IM）、JP IM CSAでは Rights of Obligee to Posted Collateral（IM））	Para 6 (b)	Para 6 (c)	Para 6 (b)
No Offset（相殺禁止）	Para 6 (c)	Para 6 (d)	Para 6 (d)

第2章
IM CSA の概要と特約記入欄の記入方法

Distributions and Interest Amount（配当物および利息金額）（JP IM CSA では Distributions, Interest Amount（IM）and Interest Payment（IM））	Para 6 (d)	Para 6 (e)	Para 6 (c)
The Control Agreement（Collateral Management Agreement）as a Credit Support Document（カストディアン契約は信用保証書類ではないこと）	Para 6 (e)	Para 6 (f)	Para 6 (e)
Events of Default（期限の利益喪失事由）（UK IM CSD では Default）	Para 7	Para 7	Para 7
Certain Rights and Remedies（特定の権利および救済手段）	Para 8	Para 8	Para 8
Representations（表明）	Para 9	Para 9	Para 9
Expenses（費用）	Para 10	Para 10	Para 10
Miscellaneous（雑則）（UK IM CSD では Other Provisions）	Para 11	Para 11	Para 11
Definitions（定義）	Para 12	Para 12	Para 12
Elections and Variables（選択および変更）	Para 13	Para 13	Para 13

［主な専門用語の比較］

専門用語の意味	NY IM CSA	UK IM CSD	JP IM CSA
担保物を差入れる当事者	Pledgor（質権設定者）	Chargor（質権設定者）	Obligor（義務者）
担保物を受入れる当事者	Secured Party（質権者）	Secured Party（質権者）	Obligee（権利者）
保有担保物	Posted Credit Support（IM）	Posted Credit Support（IM）	Posted Credit Support（IM）
担保差替	Substitution	Substitution	Substitution
差替担保受領日（担保差替日）	Substitution Date	Substitution Date	Cash Substitution Date（現金担保の場合）と Securities Substitution Date（債券担保の場合）
差替担保	Substitute Credit Support（IM）	Substitute Credit Support（IM）	Substitute Credit Support（IM）
その他の担保	Other Eligible Support（IM）	無し	Other Eligible Support（IM）

29

5 IM CSA様式の概要と特約記入欄 (Paragraph 13)の記入方法

ニューヨーク州法準拠版(以下NY IM CSA)をベースに、英国法準拠版(以下UK IM CSD)、日本法準拠版(以下JP IM CSA)における相違点も解説。

Para 1. Interpretation
　　文言の解釈の優先順位や対象取引の範囲等について規定。
　　[契約当事者の呼称]
　　NY IM CSA：Secured Party and Pledgor
　　UK IM CSD：Secured Party and Chargor
　　JP IM CSA：Obligee and Obligor

Para 2. Security Interest (NY IM CSA) / Security (UK IM CSD) / Security Transaction (Loan) (JP IM CSA)
　　担保取引の法律構成について規定。
　　NY IM CSA：ニューヨーク州法上の質権 (米国質権)
　　UK IM CSD：英国法上のfixed charge
　　JP IM CSA：日本法上の消費貸借

Para 3. Credit Support Obligations
　　担保受渡義務を規定。また、Delivery Amount (IM) (差入担保額 (IM))、Return Amount (IM) (返還担保額 (IM))、Credit Support Amount (IM) (必要担保額 (IM)) の定義及び算出方法を規定。

Para 4. Conditions Precedent, Transfer Timing, Calculations and Substitutions (UK IM CSDで　は、Transfer TimingがTransfers, Timingとなっている)
　　担保授受の前提条件、担保引渡時期、計算及び担保差替を規定。

Para 5. Dispute Resolution
　紛争の解決方法を規定。

Para 6. Custody Arrangements and the Control Agreement（JP IM CSA
　　　　ではHolding and Using Posted Collateral（IM））
　担保物の保有、担保物の運用禁止、担保物の配当金、利息の受渡方法等を
規定。

Para 7. Events of Default（UK IM CSDではDefault）
　担保取引における、ISDAマスター契約のSection 5（a）（iii）（1）（信用
保証に関するデフォルト）に基づくEvent of Default（期限の利益喪失事由）
とその猶予期間を規定。

Para 8. Certain Rights and Remedies
　相手方当事者にEvent of Defaultが発生・継続もしくはEvent of Defaultま
たはAccess Conditionの発生に起因する期限前終了日の到来による、担保実
行の方法を規定。

Para 9. Representations
　本IM CSAに関する表明規定。

Para 10. Expenses
　本IM CSA所定の義務履行に要する各当事者のコストについては、各当事
者自身が負担。担保受入当事者が保有する担保物について、税金等の支払期
限が到来した場合には、担保差入当事者が速やかにそれを支払う。

Para 11. Miscellaneous（UK IM CSDではOther Provisions）
　遅延利息、通知方法、準拠法及び裁判管轄等の雑則を規定。

Para 12. Definitions

　本IM CSAにおける専門用語の定義を規定。

Para 13. Elections and Variables（特約記入欄）

General Principles

（1）　Regime

　①　各国規制の適用・不適用

　　　各国規制について、各当事者が適用・不適用を選択して記入する。

　　　但し、備忘録としての意味合いが強い。

　②　SIMM Exception

　　　本項目には各当事者が自身の状況を記入する。ISDAのSIMM

　　　（Standard Initial Margin Modelの略であり、必要な当初証拠金額

　　　を算出する方法）を適用除外する場合にはApplicableを選択し、そ

　　　うでない場合にはNot Applicableを選択する。特定の種類の商品に

　　　限って適用除外するケースもあり。

　　　例：SIMM Exception will apply with respect to equity linked

　　　　　derivatives.

　③　Retrospective Effect

　　　当該マージン規制の施行前に約定した取引も遡及的に当該マージン

　　　規制のCovered Transaction（対象取引）とみなす旨の規定。遡及

　　　適用の場合にはApplicableを選択する。

（2）　（aa）One Way Provisions：［Applicable/Not Applicable］

　　　当事者間で片サイドずつ異なる様式のIM CSA（IM CSD）やCTAを

　　締結する場合にApplicableを選択する。当事者間で使用するカストディ

　　アンが異なる場合、適用する準拠法が異なる場合にone way方式で締

　　結することになる。なお、two way方式で締結する場合には、Not

Applicableと記入する。

(3)　(bb) ～ (kk) マージン規制の適用やSIMMに関する確認規定。

Para 13. (a) Base Currency

USDまたはJPY（本邦金融機関同士の場合はJPY）

JP IM CSAのPara 13. (b) Collateral Management Agreement, Collateral Manager（NY IM CSA、UK IM CSDには本規定に相当する規定は無い）

利用するカストディアンまたは信託銀行とそのIM管理契約を記入。

Para 13. (b) "Covered Transactions（IM）"; Security Interest for "Obligations"（JP IM CSAで　はPara 13. (c) "Covered Transactions（IM）"; "Obligations"）

対象取引の範囲を規定。通常、原文のままとする。

Para 13. (c) Credit Support Obligations（JP IM CSAではPara 13. (d)）

・ほとんどは原文のままとするが、Delivery Amount（IM）とReturn Amount（IM）については、未決済分の担保を担保繰りに含める旨の文言を追加する場合あり。

・自社のIM差入についてのThresholdは、同一の取引相手に対する自社グループ企業各社のIM差入のThresholdの合計がUSD 50 million（70億円）以内となるよう調整する。

・Minimum Transfer Amount（IM）は、同一の取引相手と締結するVM CSAのMinimum Transfer Amountとの合計がUSD 0.5 million（7千万円）以内となるように調整する。

・RoundingはUSD10,000（百万円）が目途。

Para 13. (d) Calculation（s）and Timing（JP IM CSAではPara 13. (e)）

双方のCMU（Collateral Management Unit／担保管理部署）所在地の都市名（本邦金融機関の場合は東京）、Notification Time（通知時限）を記入（例：1：00 p.m., Tokyo time）。

Para 13.（e）Conditions Precedent（JP IM CSAではPara 13.（f））
当該IM CSAが依拠するISDAマスター契約所定のTermination Event（TE）のうち、必要なものにX印を記入。通常、全てのTEにX印を付ける。

Para 13.（f）Substitution（JP IM CSAではPara 13.（g））
担保差替の際、「担保権者の同意が必要」と記入するのが通例。

Para 13.（g）Dispute Resolution（JP IM CSAではPara 13.（h））
DisputeのResolution Time（解決時限）を要記入（例：1：00 p.m., Tokyo time）。

Para 13.（h）"Secured Party Rights Event"（JP IM CSAではPara 13.（i）
　　"Obligee Rights Event"）
原文のままとする。

Para 13.（i）Notice of Exclusive Control（JP IM CSAには本規定に相当する
　　規定は無い）
原文のままとする。

Para 13.（j）"Pledgor Rights Event"（UK IM CSDでは"Chargor Rights
　　Event"、JP IM CSAでは"Obligor Rights Event"）
Not specifiedと記入。

Para 13.（k）Pledgor Additional Rights Event（UK IM CSDではChargor
　　Additional Rights Event、JP IM CSAではObligor Additional Rights

Event）

Not applicable と記入。

Para 13.（l）Pledgor Access Notice（UK IM CSD ではChargor Access Notice、JP IM CSAには本規定に相当する規定は無い）

原文のままとする。

Para 13.（m）Modification to Pledgor's Rights and Remedies（UK IM CSDではPledgor's をChargor's に、JP IM CSAではPara 13.（m）をPara 13.（l）にかつPledgor's をObligor's に、それぞれ読み替える）

applicable と記入。

Para 13.（n）Custody Arrangements（JP IM CSAで はPara 13.（m）Collateral Management Arrangement）

（NY IM CSA、UK IM CSDの場合）

　冒頭部分に両当事者のカストディアンと分別管理口座の詳細を記入。

（i）　Control Agreementは原文のままとする。

（ii）　Custodian（IM）Riskの修正の有無はNot specifiedが通例。

（iii）　Custodian Eventの適用・不適用はapplicableが通例。

　　　CE End Dateについては、以下の通り、日数を変更するのが一般的。

　　　（1）（A）の［90］days → 90 days

　　　（1）（B）（y）の［the［●］calendar］day → the 28 calendar days

　　　（1）（B）のprovided that, if：の段落の（ii）の［14 calendar］days → 18 calendar days

（iv）　Use of Posted Collateral（IM）は原文のままとする（UK IM CSDには本規定に相当する規定は無し）。

（v）　The Control Agreement as a Credit Support Document（UK IM CSDでは（iv））　はNot specifiedが通例。

(vi) Relationship with the Control Agreement（CA）（UK IM CSD では（v)）は「本 IM CSA（IM CSD）が CA よりも優先される」旨を選択するのが通例。

(vii) Other Provisions（UK IM CSD では（vi)）は None specified が通例。

（JP IM CSA の場合）

(i) Collateral Manager Risk の修正の有無は Not specified が通例。

(ii) Collateral Manager Event の適用・不適用は applicable が通例。
CME End Date については、以下の通り、日数を変更するのが一般的。
(1)（A）の［90］days → 90 days
(1)（B）（y）の［the［●］calendar］day → the 28 calendar days
(1)（B）の provided that, if：の段落の（ii）の［14 calendar］days → 18 calendar days

(iii) The Collateral Management Agreement as a Credit Support Document は Not specified が通例。

(iv) Relationship with the Collateral Management Agreement（CMA）は、「本 IM CSA が CMA よりも優先される」旨を選択するのが通例。

JP IM CSA の Para 13.（n）Distributions and Interest Payment（IM）（NY IM CSA、UK IM CSD には本規定に相当する規定は無い）

(i) Interest Rate（IM）
もし IM に現金を使用する場合には要記入。しかし、日本では IM に債券（JGB）を使用するのが一般的であるため、本項目は、全て、Not Applicable とするのが通例。

(ii) Transfer of Interest Payment（IM）or application of Interest Amount（IM）
・Interest Transfer
Applicable を選択するのが通例。

第2章
IM CSAの概要と特約記入欄の記入方法

・Interest Payment Netting

担保の元本から利息を差し引くネット決済の選択適用規定。Not Applicableを選択するのが通例。

・The Transfer of an Interest Payment（IM）で始まる段落。

適宜、月次の利息支払日を修正。

・Interest Adjustment

担保の元本への利息の組込み（元加）の選択適用規定。Not Applicableを選択するのが通例。

・The Posted Collateral（IM）will beで始まる段落。

Interest AdjustmentがNot Applicableの場合には本項目を削除。

（iii）　Other Interest Elections

・Negative Interest

マイナス金利の利息の絶対値を逆方向に支払う利息決済の選択適用規定。Applicableを適用するのが通例。

・Daily Interest Compounding

利息を日歩複利計算する選択規定。Not Applicableを選択するのが通例。

（iv）　Alternative to Interest Amount（IM）and Interest Payment（IM）

The provisions of Paragraph 6（c）（ii）will apply.と記入するのが通例。

Para 13.（o）Additional Representation（s）

本IM CSAに関する追加の表明を記入（もしあれば）。通常、None specifiedと記入。

UK IM CSDのPara 13.（p）Additional information relating to Regulatory Compliance and Concentration Limits（NY IM CSA、JP IM CSAには、本規定に相当する規定は無い）

原文のままとする。

37

Para 13.（p）Other Eligible Support（IM）and Other Posted Support（IM）
（UK IM CSDには、本規定に相当する規定は無い）

通常、Not Applicableと記入。

Para 13.（q）Demands and Notices

双方のCMU（Collateral Management Unit／担保管理部署）の住所連絡先を記入。

Para 13.（r）Addresses for Transfers

双方の担保決済口座を記入。To be advised from time to timeと記入する例も多い。

Para 13.（s）Other CSA（JP IM CSAではOther CSA and Japanese Law CSA（VM））

通常、None specifiedと記入。備忘録の意味合いが強い。

UK IM CSDのPara 13.（t）Process Agent（NY IM CSA、JP IM CSAには本規定に相当する規定は無い）

UK IM CSD専用のProcess Agent（訴状送達受領代理人）の設置を選択できる。通常、not applicableと記入。

UK IM CSDのPara 13.（u）Valuation of Appropriated Collateral（NY IM CSA、JP IM CSAには本規定に相当する規定は無い）

通常、Not specifiedと記入。

Para 13.（t）Amendment to "Termination Currency"（UK IM CSDでは Para 13.（v））

With respect to Party A：Party Bが差入れる担保の通貨を記入。

With respect to Party B：Party A が差入れる担保の通貨を記入。

Two Affected Parties の場合（注）：USD（外資系金融機関の場合）また
は JPY（本邦金融機関の場合）を記入。

（注）ISDA マスター契約の Section 5（b）所定の Termination Event（源泉課
税、不可抗力等）が両当事者に発生し、両当事者がその影響を受ける当事者
（Affected Party）となるケースを指すが、かかるケースは極めて稀である。

Para 13.（u）Other Provisions（UK IM CSD では Para 13.（w））
以下のような規定が追加される場合が多い。
- 差押、仮差押を Event of Default とする規定
- One Way Provisions に関する規定
- ISDA SIMM に関する追加規定
- Japanese Securities Provisions（Shichiken）の追加規定
- Trust Scheme Addendum の追加規定（IM 授受を信託銀行で行う場合）

［署名欄］
Party A と Party B の二者間で署名。

6 NY IM CSA、UK IM CSDから 2018 NY IM CSA、2018 UK IM CSDへの主な改訂箇所

- Paragraph 3. Credit Support Obligations の（a）Delivery Amount（IM）
と（b）Return Amount（IM）の定義に受渡途上の IM を加算する旨の
文言を追加。但し、上記文言は 2018 NY IM CSA のみに追加され、2018
UK IM CSD には、元々、UK IM CSD に同文言が記載されていたため、
改定時の追加は無し。

- Paragraph 3. Credit Support Obligations の（c）"Margin Amount（IM）"；

"Margin Amount（IA)"；Margin Approachと題する新規定を追加し、当該IM CSA以外のCSA（マージン規制適用開始前に締結していたLegacy CSA）に規定のIndependent Amount（独立担保額）とIMの関係を調整。同規定追加に伴う新しい専門用語の定義も追加。

・2018 UK IM CSDのParagraph 11.（g）Governing Law and Jurisdictionに法廷地に関する異議を放棄する旨を追加。なお、この（g）項は2018 NY IM CSAには無い。

・Paragraph 13.の冒頭の、各国マージン規制の適用・不適用の記入欄の題名がGeneral PrinciplesからRegime Tableに変わり、同記入欄にオーストラリア、香港、シンガポールの各マージン規制の記入欄が追加された。かつ、SIMM Exceptionを適用する場合の内訳として、Fallback to Mandatory MethodとMandatory Methodが新設され、それらの新しい専門用語の定義が追加された。

・Paragraph 13.（c）Credit Support Obligationsの（i）の標題をSelection of Margin Approachと改題し、他のCSA所定のIndependent Amountとの調整方法の選択規定を追加。

・Paragraph 13.（g）Dispute Resolutionの（iii）の標題をRecalculation of Credit Support Amount（IM）に改題し、Dispute解決策としての取引明細照合に関する確認規定を追加。

・Paragraph 13.（h）Secured Party Rights EventにFailure to Pay Early Termination Amount、Control Agreement Secured Party Rights Event、Control Agreement NEC Eventに関する選択規定を追加。

・Paragraph 13.（j）Pledgor（Chargor）Rights EventにPledgor（Chargor）

Full Discharge Condition、Cooling-off Period Condition、Control Agreement Pledgor（Chargor）Rights Event に関する選択規定を追加。

・Paragraph 13.（m）Custody Arrangements の内訳を改変し、項目（v）として、Inconsistency with the Control Agreement に関する選択規定を、および項目（vii）として、Collateral Access Breach Additional Termination Event に関する選択規定を、それぞれ追加。

・Paragraph 13 に Amendment to "Minimum Transfer Amount" と題する項目を追加し、Other Regulatory CSA（つまり両当事者間の VM CSA）に対する条件変更を本 IM CSA 上で行うことを可能とした。

・Paragraph 13 の Other Provisions に Japanese Securities Provisions（Shichiken）の規定の追加・不追加の選択規定を追加。

→上記以外にも改訂箇所は多々あるが、それらのほとんどは確認規定の追加、条項のレイアウトの変更等である。

第3章

Euroclear またはClearstreamの
Collateral Transfer Agreement（CTA）の概要

1 カストディアン・スキームの事務フロー

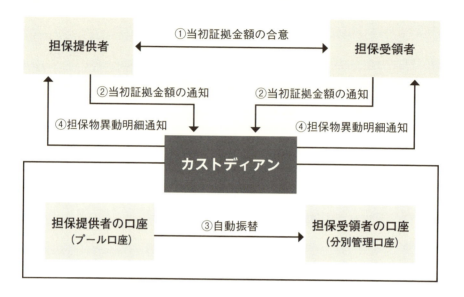

- 担保提供者と担保受領者は、各々、カストディ口座すなわちプール口座（long box）と分別管理口座をカストディアンに開設。
- 担保提供者と担保受領者が合意した当初証拠金額をカストディアンに通知（上図①、②）
- カストディアンが担保提供者のプール口座から担保受領者の分別管理口座へと必要額相当の担保物を振替えることにより、当初証拠金の決済と分別管理が実行される（上図③)。
- その後、カストディアンより各当事者に担保物異動明細通知が届く。
　なお、担保物異動明細通知の「異動」という表記は業界用語であり、物理的に担保物が移動するという意味合いよりも、むしろ担保物の保有者の名義が変更されるという意味合いで異動と表記するのが通例である。

第3章
Euroclear または Clearstream の Collateral Transfer Agreement（CTA）の概要

② カストディアン・スキームにおける重要語句

・プール口座（long box）
　担保提供者が担保物を提供するために開設する口座。

・オート・アロケーション・サービス
　カストディアンによる担保物の自動振替サービス。合意した当初証拠金額を伝えれば、カストディアンが、プール口座に預託されている担保物（債券、株式等）からCTD（後述）の原則に沿って、適宜、担保物を選定して相手方の分別管理口座に振替を行う。

・Cheapest to Deliver（CTD）
　自動振替の際に、担保物の調達・管理コスト等が最も安くなるように選定する原則。

→上記のカストディアンによるIM授受の仕組みは、本章記載のEuroclear、Clearstreamがカストディアンの場合に限らず、The Bank of New York Mellon（第5章参照）、JPMorgan Chase Bank, N.A.（第6章参照）がカストディアンの場合にも共通である。

③ EuroclearまたはClearstreamのCollateral Transfer Agreement（CTA）の逐条解説

　EuroclearのCTA（EB CTA）とClearstreamのCTA（CLB CTA）は、その様式がほぼ同じであるため、ここでは両様式共通の形で解説を行う。なお、EB CTAには2016年版、2017年版、2018年版、2019年版が、CLB CTAには2016年版、2019年版が、それぞれあり（いずれも2019年版はニューヨーク州法・英国法兼用版）、更に2019年に両者を統合したEB、CLB兼用版CTAもある。しかし、いずれの版も実質的には内容に大差は無く、新版

45

のリリース後も旧版の使用は可能である。

Ⅰ. EB CTA、CLB CTAの本文部分（Paragraph 1-12）

以下、英国法準拠のEB CTA、CLB CTAをベースに解説し、適宜、NY IM CSA（ニューヨーク州法準拠版IM CSA）と比較。

［冒頭部分］

本CTAと関連するISDAマスター契約、Euroclear Security Agreement、Clearstream Security Agreementの締結日（effective date）を記載。

［1. INTERPRETATION （解釈）］

1.1〜1.3は解釈の優先順位や対象取引の範囲等について規定。NY IM CSAのPara 1とほぼ同じ規定。

［契約当事者の呼称等］

- Security-taker（担保受領者）→ NY IM CSAではSecured Party。
- Security-provider（担保提供者）→ NY IM CSAではPledgor。
- Collateral Valuation Agent → NY IM CSAではCalculation Agent（IM）。Para 13で特段の指定が無い場合はSecurity-taker。一般にPara 13で特段の指定は無いが、Euroclear（Clearstream）を指定することも可能。

NY IM CSAとの相違点は以下の通り。

1.4 Gross Settlement

担保の授受をグロス・ベースで行う旨の確認規定。

1.5 Interpretation

本CTAで使用する一般用語の解釈上の留意点を規定。

1.6 Payments and deliveries

本CTAに基づく支払や引渡の履行日が非営業日の場合、翌営業日に履行する。

1.7 Acknowledgements
　関連する契約書の間での用語の読み替えを規定。

[2. CREDIT SUPPORT OBLIGATIONS（担保授受義務）]

　担保授受義務を規定。また、Delivery Amount（差入担保額）、Return Amount（返還担保額）の定義および算出方法を規定。NY IM CSAのPara 3とほぼ同じ規定。

　NY IM CSAとの相違点は以下の通り。

・2.3 Additional Transfers under Euroclear（Clearstream）Agreements
　本来、担保授受不可の非営業日にも、Euroclear（Clearstream）が営業していれば、担保授受は可能。

・NY IM CSAのPara 2には法律構成がニューヨーク州法上の質権である旨の規定があるが、CTAには法律構成に関する規定が無い。その代わりに、Euroclear Security Agreementにベルギー法上の質権に関する規定が、Clearstream Security Agreementにルクセンブルク法上の質権に関する規定が、それぞれあり。

[3.CONDITIONS PRECEDENT, TRANSFERS, CALCULATIONS AND SUBSTITUTIONS（前提条件、担保引渡、計算、担保差替）]

　担保授受の前提条件、担保引渡時期、計算および担保差替を規定。NY IM CSAのPara 4とほぼ同じ規定。

　NY IM CSAとの相違点は以下の通り。

・3.3 Calculation of Credit Support Amount and matching notifications to Euroclear（Clearstream）

・3.4 Calculations of Market Value and determination of Value
　これらの規定はNY IM CSAのPara 4（c）に相当するが、担保計算の規定に、Security-provider（担保提供者）とSecurity-taker（担保受領者）

47

が共同で行う"matching notifications to Euroclear (Clearstream)"が含まれ、Euroclear (Clearstream) をカストディアンとして使用する際の独特の規定がある。

[4. DISPUTE RESOLUTION（紛争解決）]

担保金額についての紛争の解決方法を規定。NY IM CSAのPara 5とほぼ同じ規定。

NY IM CSAとの相違点は以下の通り。
・4.2 No Event of Default
Dispute処理による担保授受の遅延はEvent of Defaultに該当しない旨の確認規定。

[5. HOLDING POSTED COLLATERAL（担保物の保有）]

担保物の保有と運用、担保物の配当金、利息の受渡方法等を規定。NY IM CSAのPara 6とほぼ同じ規定。

NY IM CSAとの相違点は以下の通り。
・NY IM CSAのCustodian（IM）RiskがEuroclear Risk（Clearstream Risk）となっている点。
・5.5 Rights Accompanying Posted Collateral に担保物に関する投票権の規定あり。
EB CTAの5.5は（a）と（b）に分かれており、CLB CTAの5.5よりも規定が細かい。
・EB CTAのみに5.6 Transfer of Distributionsと題する、担保物から発生したクーポンや配当金の授受に関する規定あり。CLB CTAにその規定は無い。
・5.8 Ineligible Credit Support（CLB CTAでは5.7），5.9 Reinstatement of Eligibility（CLB CTAでは5.8）はNY IM CSAのPara 13（c）（v）

に相当。

[6. DEFAULT（債務不履行）]

　担保取引における、ISDAマスター契約のSection 5（a）（iii）（1）（信用保証に関するデフォルト）に基づくEvent of Default（期限の利益喪失事由）とその猶予期間を規定。NY IM CSAのPara 7とほぼ同じ規定。

[7. RESTRICTION ON EXERCISE OF UNILATERAL RIGHTS UNDER EUROCLEAR（CLEARSTREAM）AGREEMENTS（ユーロクリア契約・クリアストリーム契約に基づく単独の権利行使の制限）]

　　他方当事者の合意なしではCollateral Service Agreement（collateral management service agreement）における権利を行使できないこと等、ごく当然のことを規定。EB CTAの方がCLB CTAよりも本規定がより細かい。NY IM CSAには該当規定なし。

[8. REPRESENTATIONS（表明）]

　　本CTAに関する表明規定。EB CTAとCLB CTAで本規定の条文のレイアウトが異なるが、その内容はほぼ同じ。NY IM CSAのPara 9とほぼ同じ規定。

[9. EXPENSES（費用）]

　　本CTA所定の義務履行に要する各当事者の費用については、各当事者自身が負担。

　　Collateral-taker（担保受領者）が保有する担保物について、税金等の支払期限が到来した場合には、Collateral-provider（担保提供者）が速やかにそれを支払う。NY IM CSAのPara 10とほぼ同じ規定。

[10. OTHER PROVISIONS（その他の規定）]

　　その他の雑則を規定。NY IM CSAのPara 11とほぼ同じ規定。

NY IM CSAとの相違点は以下の通り。
・10.2 No Waiver of Rights
　　本CTA上の権利の不行使、行使の遅延は、権利の放棄とみなされない旨の確認規定。
・10.6 Entire Agreement
　　本CTAが両当事者の固有の意思によって締結され、完全な合意を形成している旨の確認規定。
・10.9 Partial Invalidity
　　可分性条項（Severability Provision）と同義。つまり、CTA所定の特定の規定が或る法域で現地法令との抵触によって違法、無効となっても、他の規定には影響が無いこと、および当該規定の他の法域での有効性には影響が無い旨の確認規定。
・10.10 Counterparts
　　本CTAは複数個の正本で署名締結が可能だが、いずれの正本も同じ効果を有する旨の確認規定。
・10.11 Contracts（Rights of Third Parties）Act 1999
　　英国の同法の適用を排除し、第三者による本CTAへの権利行使を防ぐ規定。本規定はEB CTAのみに有り、CLB CTAには無い。

[**11. GOVERNING LAW AND JURISDICTION （準拠法と裁判管轄)**]
・本CTAの準拠法を英国法とし、英国の非専属裁判管轄に服する(ニューヨーク州法準拠のCTAの場合は、準拠法はニューヨーク州法、裁判管轄はニューヨークの非専属裁判管轄)。
・Service of Process（Process Agent）の指定方法を規定。

NY IM CSAとの相違点は以下の通り。
NY IM CSAには準拠法と裁判管轄に関する規定なし。

第3章
Euroclear または Clearstream の Collateral Transfer Agreement（CTA）の概要

[12. DEFINITIONS（定義）]

本CTAにおける専門用語の定義を規定。NY IM CSA の Para 12 に相当。

[ご参考]

NY IM CSA の Para 8 Certain Rights and Remedies（担保実行規定）に相当する規定はEB CTA、CLB CTA には無く、Euroclear Security Agreement、Clearstream Security Agreement に規定されている。

Ⅱ. Paragraph 13. ELECTIONS AND VARIABLES（特約記入欄）

1. General Principles 部分の記入方法：

（1）Regime

①各国規制の適用・不適用

各国規制について、各当事者が適用・不適用を選択して記入する。但し、備忘録としての意味合いが強い。

②SIMM Exception

本項目には各当事者が自身の状況を記入する。ISDA の SIMM（Standard Initial Margin Model の略であり、必要な当初証拠金額を算出する方法）を適用除外する場合には Applicable を選択し、そうでない場合には Not Applicable を選択する。特定の種類の商品に限って適用除外するケースもあり。

③Retrospective Effect

当該マージン規制の施行前に約定した取引も遡及的に当該マージン規制の Covered Transaction（対象取引）とみなす旨の規定。遡及適用の場合には Applicable を選択する。

（2）One Way Provisions:［Applicable / Not Applicable］

当事者間で片サイドずつ異なる様式の CTA や IM CSA（IM CSD）を締結する場合に Applicable を選択する。当事者間で使用するカストディアンが異なる場合、適用する準拠法が異なる場合に one way 方式で締

51

結することになる。なお、two way方式で締結する場合には、Not Applicableと記入する。

→上記Regime、One Way Provisionsの内容や記入方法はNY IM CSAとほぼ同じ。

2. Para 13.1 〜 Para 13.18の各項目の記入方法:

［13.1 Base Currency（基本通貨）］
　　USDまたはJPYを記入（本邦金融機関同士の場合はJPY）。

［13.2 Covered Transactions（対象取引）］
　　対象取引の範囲を規定。通常、原文のままとする。

［13.3 Credit Support Obligations（担保授受義務）］
　　・Minimum Transfer Amountは、同一の取引相手と締結するVM CSAのMinimum Transfer Amountとの合計がUSD 0.5 million（7千万円）以内となるように調整する。
　　・自社のIM差入についてのThresholdは、同一の取引相手に対する自社グループ企業各社のIM差入のThresholdの合計がUSD 50 million（70億円）以内となるように調整する。
　　・Roundingについては、CTAに記入する箇所が無いため、この場所に（iii）として追記する場合が多い。その際、USD 10,000（百万円）が目途。

［13.4 Valuation and Timing（評価と授受タイミング）］
　　Collateral Valuation Agent（Not Specifiedが通例）、Designated City（双方のCMU（注）所在地の都市名を記入、本邦金融機関の場合は東京）、Notification Time（通知時限）を記入（例: 1:00 p.m., Tokyo time）。
　　（注）CMUとはCollateral Management Unit（担保管理部署）の略。

第3章
Euroclear または Clearstream の Collateral Transfer Agreement (CTA) の概要

[13.5 Conditions Precedent（前提条件）]

当該CTAが依拠するISDAマスター契約所定のTermination Event（TE）のうち、必要なものにX印を記入。通常、全てのTEにX印を付ける。

[13.6 Dispute Resolution（紛争の解決）]

DisputeのResolution Time（解決時限）を要記入（例: 1:00 p.m., Tokyo time）。

[13.7 Euroclear Risk（ユーロクリア・リスク）/ Clearstream Risk（クリアストリーム・リスク）]

Not specified（特に条件は指定せず）が通例。つまり、本CTAのPara 5.2所定のEuroclear Risk（Clearstream Risk）の規定を無条件で適用するのが通例。NY IM CSAのCustodian（IM）Riskとほぼ同じ規定。

[13.8 Euroclear Event（ユーロクリア・イベント）/ Clearstream Event（クリアストリーム・イベント）]

・Euroclear Event（Clearstream Event）については、Applicable（適用する）を選択するのが通例。
・EE End Date（CE End Date）については、以下の通り、原文の日数を変更するのが一般的。

1.の（A）：[90] days → 90 days
1.の（B）の（y）：[the [●] calendar] day → the 28 calendar days
1.の（B）の provided that, if：の段落の（ii）：[14 calendar] days → 18 calendar days
→この箇所は、NY IM CSAにおけるCustodian Event、CE End Dateと同様の内容であり、同様に記入。

[13.9 Euroclear（Clearstream）Agreements as Credit Support Documents

53

（ユーロクリア契約・クリアストリーム契約と信用保証書類の関係）］

　Not specified（特段の異議なし）が通例。つまり、Euroclear（Clearstream）との各種契約書は（カストディアン契約であり、）Credit Support Document（信用保証書類／担保契約、保証書の類）ではない旨の確認規定に何も異議を唱えないのが通例。

［13.10 Additional Representation（s）（追加の表明）］

　本CTAに関する追加の表明を記入（もしあれば）。通常、None specifiedと記入。

［13.11 Demands and Notices（請求と通知）］

　双方のCMUの住所連絡先を記入。

［13.12 Addresses for Transfers（担保決済口座の詳細）］

　双方の担保決済口座を記入。ここにはTo be advised from time to timeと記入し、別途、CMU間のサイド・レター等で担保決済口座を確認する例も多い。

［13.13 Other CSA（その他のCSA）］

　ここには、本CTA以外に両当事者間で締結しているVM CSAやIM CSAを備忘録として記入できるが、通常、None specified（該当なし）と記入。

［13.14 Amendment to "Termination Currency"（終了通貨の変更）］

　With respect to Party A: Party Bが差入れる担保の通貨を記入。
　With respect to Party B: Party Aが差入れる担保の通貨を記入。
　two Affected Partiesの場合（注）：USD（外資系金融機関の場合）またはJPY（本邦金融機関の場合）を記入。

（注）ISDAマスター契約のSection 5（b）所定のTermination Event（終了事由/TE）が契約当事者の双方に発生し、両当事者が同事由の影響を受けるAffected Partyとなってしまうケース。TEのうち、税務事由（Tax Event）や不可抗力事由（Force Majeure Event）がごく稀に両当事者に発生する可能性あり。

[13.15 Process Agent（訴状送達受領代理人）]

ここでは、本CTA専用のProcess Agent（訴状送達受領代理人）を指定できるが、通常、Not applicable（指定せず）と記入。

[13.16 Identity of Security-provider and Security-taker（担保提供者および担保受領者の役割）]

One Way Provisionsが適用されている場合における、Security-provider、Security-takerのCTA上の役割や権限に関する確認規定について、原文から変更せず。

[13.17 Loss of Approval（承認の喪失）]

ISDAのSIMMに関する監督官庁の承認が失われても、その事実はISDAマスター契約の期限前解約事由に該当しない旨の確認規定について、原文から変更せず。

[13.18 Other Provisions（その他の規定）]

JGB（日本国債）をIMに使用する場合には、最新版のJapanese Collateral Provision（JGBをIMに使用する際の日本法に関する確認規定）を追加。

[署名欄]

Security-provider（担保提供者）とSecurity-taker（担保受領者）が二者間で署名。

第4章

Euroclear または Clearstream の Security Agreement（SA）の概要

EuroclearのSA（EB SA）とClearstreamのSA（CLB SA）は、その様式がほぼ同じであるため、ここでは両様式共通の形で解説を行う。なお、EB SAには2016年版、2018年版、2019年版が、CLB SAには2016年版、2017年版、2019年版が、それぞれあり、更に2019年に両者を統合したEB、CLB兼用版SAもある。しかし、いずれの版も実質的には内容に大差は無く、新版のリリース後も旧版の使用は可能である。

[冒頭部分]

本契約は、Security-provider（担保提供者）とSecurity-taker（担保受領者）の間で、両者間のISDAマスター契約およびCollateral Transfer Agreementに関連して締結される。

[1. INTERPRETATION（解釈）]

1.1 Definitions（定義）

本SAの第21条に定義の記載の無い頭文字が大文字の用語は、Collateral Transfer Agreement所定の用語と同義である。

1.2 Construction（説明）

party、assets、person、regulation、Collateral Service Agreement（EB SAのみに有り）、Single Pledgor Pledged Account Agreement（EB SAのみに有り）、matching instructions等の特に重要な文言の意味をここで規定。

1.3 Conflicts（矛盾）

解釈の優先順位を規定。本SAは、ISDAマスター契約やCollateral Service Agreementに劣後する。本SAのSection 22（Other Provisions）は同Section 1～21よりも優先される。

[2. SECURITY（担保取引）]

2.1 Security（担保取引）

[EB SAの規定]

（a）債券担保の場合は、Security-taker（担保受領者）にベルギー法（Financial Collateral Law等）上の第一順位の質権を設定する。

（b）現金担保の場合は、ベルギー法（Financial Collateral Law）上のtitle transferによりSecurity-taker（担保受領者）に担保権を設定する。

［CLB SAの規定］

担保物に対して、ルクセンブルク法（Financial Collateral Law）上の第一順位の質権を設定する。

2.2 Euroclear Distributions（利息、クーポン等の処理）

担保物から発生した利息やクーポンは、受渡されなければ、Pledged Securities Accountに在る担保物に組み込まれる。本規定はEB SAのみに有り、CLB SAには無い。

2.3 Ranking（担保の順位）（CLB SAでは2.2）

［EB SAの規定］

本SAの担保は、ベルギー法（Financial Supervision Lawの第31条）上のEuroclearの優先権よりも優先される。

［CLB SAの規定］

本SAの担保は、ルクセンブルク法上のClearstreamの先取特権よりも優先される。

2.4 Special accounts（分別管理口座）（CLB SAでは2.3）

各当事者は口座を担保の分別管理のために使用する。

2.5 Fungibility（代替可能な担保）

Security-provider（担保提供者）とSecurity-taker（担保受領者）は各担保がベルギー法上、代替可能なものであることを了解する。本規定はEB SAのみに有り、CLB SAには無い。

2.6 Perfection of the Security（担保取引の完成）（CLB SAでは2.4）

Security-provider（担保提供者）とSecurity-taker（担保受領者）はEuroclear（Clearstream）を担保物の第三者保管者に指定し、Euroclear（Clearstream）はSingle Pledgor Pledged Account Agreement（collateral management service agreementの別紙Appendix A）の締結によって同

指定を応諾する。

2.7 Ownership of the Securities（担保物の所有権）（CLB SA では2.5）

　　Security-provider（担保提供者）は、Section 7所定の担保権実行までは、常に担保物の法的所有権を有する。

[3. SUBSTITUTION AND MARGIN ADJUSTMENTS（担保差替と担保調整）]

3.1 Continuity of Security（担保取引の継続性）

　　各当事者は、（a）担保差替、（b）追加担保の差入、（c）余剰担保の返還が担保取引の継続性に影響を与えないことを了解する。

3.2 Release（免除）

　　各当事者は、担保差替の新担保や追加担保の差入は既存担保と同じ条件の担保取引とみなされ、担保差替の旧担保や余剰担保の返還は既存担保から自動的かつ直ちに差し引かれることを了解する。但し、担保差替は担保取引の免除ではなく、口座内の担保物は引き続き担保取引に服する。

3.3 Equivalent collateral（同価値の担保）

　　各当事者は、差替後の新担保は差替前の旧担保と同価値であることを了解する。本規定はEB SA のみに有り、CLB SA には無い。

3.4 Effect（担保差替、担保の差入・返還の効果）（CLB SA では3.3）

　　担保差替、追加担保の差入、余剰担保の返還の担保物への効果を規定。

[4. RIGHTS ACCOMPANYING EUROCLEAR（CLEARSTREAM）COLLATERAL（担保物に付随する権利）]

　　各当事者は、担保物の利息、クーポン等や担保物に付随する権利をCollateral Transfer Agreement所定の方法で取り扱う。

[5. NO IMMUNITY（免除されないこと）]

　　Security-provider（担保提供者）は、自身による本SAの締結や債務履行が商業的な行為を構成することをSecurity-taker（担保受領者）に対し

第4章
Euroclear または Clearstream の Security Agreement（SA）の概要

表明・保証するが、本SAに関する訴訟や差押等の法的手続の免除は認められない。

[6. RESTRICTIONS AND UNDERTAKINGS（禁止事項と約束）]

6.1 Security（その他の担保権の設定の禁止）

　　Security-provider（担保提供者）は、Collateral Transfer Agreement 等に所定の場合を除き、担保物に対して抵当権や先取特権等のその他の担保権を設定することはできない。

6.2 No use（担保物の運用の禁止）

　　Security-provider（担保提供者）は、Collateral Transfer Agreement 等に所定の場合を除き、担保物の質入、転担保、譲渡等を行えない。

6.3 Exercise of rights（権利の実行）

　　Security-provider（担保提供者）は、Single Pledgor Pledged Account Agreement（Clearstream Agreements）や Collateral Transfer Agreement に基づいて、担保物に関する権利の行使や義務の履行に責任を負う。

6.4 No adverse action（背反行為の禁止）

　　Security-provider（担保提供者）は、（a）担保取引の法的有効性や本SAにおける Security-taker（担保受領者）の権利に悪影響を与える行為や（b）担保取引、本SAと矛盾する行為を行わない。

6.5 Attachments（差押）

　　Security-provider（担保提供者）は、担保物に差押が実施されないことおよび保全差押が30暦日以内に解消されることを確保する義務を負い、もし差押が発生すれば、遅滞なく、その事実を Security-taker（担保受領者）に通知する。

6.6 No unilateral action（単独行為の禁止）

　　Security-provider（担保提供者）は、Collateral Transfer Agreement の Paragraph 7 の単独行為の禁止を遵守する。

61

[7. ENFORCEMENT（担保実行）]

　Security-provider（担保提供者）に Enforcement Event（担保実行事由）が発生・継続した場合に、Security-taker（担保受領者）は債券担保を換金処分し、現金担保を外貨両替する等して、被担保債務と相殺して、担保実行を行う。CLB SA では、本規定が 7.1 Enforcement of Security、7.2 Limitation on realisation、7.3 Identification of Pledged Assets subject to enforcement に分かれており、より詳細な内容となっている。

[8. ORDER OF DISTRIBUTIONS（分配の順序）]

8.1 General（担保の充当順序）

　担保実行によって Security-taker（担保受領者）が受領した金額は、ISDA マスター契約に関する、(1) 弁護士費用等、(2) 遅延利息等、(3) 被担保債務の順で充当する。

8.2 Deficiencies and Excess Proceeds（不足額と残余額）

(a) Security-provider（担保提供者）は、担保実行後の残存債務について引き続き責任を負う。

(b) Security-taker（担保受領者）は、担保実行後の残余担保（残余売却代金）を Security-provider（担保提供者）に返還する。

8.3 Final Returns（担保の最終返還）

(a) Final Security Release Date（最終担保解除日）が到来し次第、Security-taker（担保受領者）は全ての担保を Security-provider（担保提供者）に返還する。

(b) Final Security Release Date（最終担保解除日）が到来し、かつ Security-taker（担保受領者）と Security-provider（担保提供者）の Euroclear に対する連名指示が必要な場合には、　各当事者は Euroclear に、(i) Single Pledgor Pledged Account Agreement の解約の意思および (ii) 担保オペレーションの終了を伝える。

　上記 (b) の規定は、EB SA のみに有り、CLB SA には無い。

8.4 Waiver（放棄）

Security-provider（担保提供者）は、ベルギー民法の第1253条および第1256条（ルクセンブルク民法の第1253条および第1256条）の利益を放棄する。上記の利益とは、複数個の債務がある場合に、債務者にその履行の順番を選択する権利が認められるというものであり、その放棄によって、有無を言わさず、同時に全ての債務を履行することとなる。すなわち、本SAにおける担保提供者は無条件で担保を提供する義務を負う。

[9. LIABILITY OF THE SECURITY-TAKER（担保受領者の責任）]

(a) Security-taker（担保受領者）は、自身の重過失や故意による場合を除き、Security-provider（担保提供者）や他のいかなる者に対しても、担保実行に関して発生した費用や不履行等について責任を負わない。

(b) Security-taker（担保受領者）は、他のいかなる者に対しても担保物の権利保全の措置を行う義務を負わない。

(c) Security-taker（担保受領者）は、自身の商売の目的で担保物の売却、質入、転担保、譲渡等を行う権利を有しない。

[10. PROTECTION OF THIRD PARTIES（第三者に対する保全）]

Security-taker（担保受領者）と取引関係のあるいかなる第三者からも、本SA上の権利の実効性、同権利の法令順守の状況、同権利の行使の適法性を問われることは無い。

[11. SAVING PROVISIONS（救済規定）]

11.1 Continuing Security（担保取引の継続性）

担保取引が被担保取引の全てをリカバーし終えるまで有効に継続する旨の確認規定。

11.2 Reinstatement（回復）

破産等の結果、Security-provider（担保提供者）の支払やSecurity-taker（担保受領者）による免責が無効または減額となった場合でも、それが無かったものとして、Security-providerのSecurity-takerに対する責

任と担保取引は継続し、かつSecurity-takerはSecurity-providerからリカバリーを受けることができる。

11.3 Waiver of defences（抗弁権の放棄）

Security-provider（担保提供者）の本SA上の債務や担保取引は、Security-providerに対する時の経過、放棄、同意、和解等の変化、関連するISDAマスター契約やCollateral Transfer Agreementの条件変更等、破産等の発生によって何ら影響を受けない。

11.4 Immediate recourse（速やかな請求）

Security-provider（担保提供者）は、自身への支払請求の以前にSecurity-taker（担保受領者）や第三者への支払請求を行う権利を放棄する。求償権の劣後に類似した規定。

11.5 Additional Security（追加的な担保取引）

担保取引は、Security-taker（担保受領者）への保証や法定担保権に追加されるものであり、それらによって排除されない。

11.6 Transferability（無断譲渡の禁止）

各当事者は、他の当事者の書面による同意なしで本SA上の権利、義務を譲渡できない。

[12. DISCHARGE OF SECURITY（担保取引の免除）]

12.1 Release（免除）

担保取引はSecurity-taker（担保受領者）が免除を行うまで継続するが、Final Security Release Date（最終担保解除日）の到来やSingle Pledgor Pledged Account Agreement（Clearstream Agreements）の解約によって直ちに自動的に免除される。

12.2 Security-provider Rights and Remedies（担保提供者の権利と救済）

（Security-takerのデフォルト等による）Security-provider Access Event（担保提供者の担保実行事由）が発生・継続している場合には、(i) Security-providerは、質権設定者として法令上の権利と救済を行使でき、かつ (ii) Security-taker（担保受領者）は担保物を直ちにSecurityprovider（担保提供者）に返還する義務を負う。

[13. RESTRICTION ON EXERCISE OF UNILATERAL RIGHTS UNDER EUROCLEAR（CLEARSTREAM）AGREEMENTS（ユーロクリア契約・クリアストーム契約に基づく単独の権利行使の制限）]

13.1 Notice of Exclusive Control（排他的支配の通知／担保受領者の担保実行通知）

　　Security-taker（担保受領者）はSecurity-provider（担保提供者）に対して下記を約束する。

　（a）Security-takerは、Enforcement Event（担保実行事由）が発生・継続するまではNotice of Exclusive ControlをEuroclear（Clearstream）に送付しない。

　（b）Security-takerは、もしNotice of Exclusive ControlをEuroclear（Clearstream）に送付する場合には、その写をSecurity-providerに送付する。

13.2 Security-provider Access Notice（担保提供者の担保実行通知）

　　Security-provider（担保提供者）はSecurity-taker（担保受領者）に対して下記を約束する。

　（a）Security-providerは、Security-provider Access Event（担保提供者の担保実行事由）が発生・継続するまではSecurity-provider Access NoticeをEuroclear（Clearstream）に送付しない。

　（b）Security-providerは、Security-provider Access NoticeをEuroclear（Clearstream）に送付すると同時にその写をSecurity-takerに送付する。

13.3 Notice of Contest（異議の通知）

　　Security-taker（担保受領者）はSecurity-provider（担保提供者）に対して下記を約束する。Security-providerによるSecurity-provider Access Notice（担保提供者の担保実行通知）のEuroclear（Clearstream）への送付後に、もしSecurity-provider Access Noticeの送付が本SAのSection 13.2（担保受領者のデフォルトの場合）に基づくものであれば、Security-takerはNotice of ContestをEuroclear（Clearstream）に送付しない。

[14. EXPENSES（費用）]

　Security-provider（担保提供者）は、要請の3現地営業日以内に、Security-taker（担保受領者）に対して、Security-taker自身やその下請組織に本SAに関連して発生した費用、損害（弁護士費用等）を合理的な範囲で支払う。

[15. RIGHTS, WAIVERS AND DETERMINATIONS（権利、放棄、決定）]

15.1 Ambiguity（疑義）

　法定の権利と本SAに基づく権利の間で疑義や矛盾がある場合には、本SAの条件が優先される。

15.2 Exercise of rights（権利の行使）

　Security-taker（担保受領者）による本SA上の権利や救済規定の不行使、部分行使、行使の遅延は、権利の放棄とはみなされず、かつ本SAは法定の権利や救済措置に追加されるものであり、それらを排除しない。

15.3 Determinations（決定）

　Security-taker（担保受領者）による決定やその証明書は、明白な誤りが無い限り、断定的な証跡となる。

15.4 Further assurances（更なる保証）

　相手方当事者から要請があり次第、各当事者は、財務諸表の交付および本SAに基づく担保権を有効とするのに必要な措置を行う。

[16. NOTICES（通知）]

　本SAに関する通知は、Collateral Transfer Agreement所定の方法に従って行う。

[17. PARTIAL INVALIDITY（部分的な無効）]

　本SAの特定の条文が当該裁判管轄において違法、無効となっても、それ以外の条文の適法性、有効性には影響は無くかつ上記特定の条文も他の

裁判管轄では影響を受けない。

[18. COUNTERPARTS（正本冊子）]

本SAの正本は複数個の作成が可能だが、いずれの冊子も同じ効果を有する。

[19. GOVERNING LAW（準拠法）]

本SAおよび本SAに関する契約外債務の準拠法はベルギー法（ルクセンブルク法）とする。

[20. CHOICE OF FORUM（法廷地の選択）]

本SAに関する訴訟等はベルギーのブリュッセル（ルクセンブルクのルクセンブルク市）の裁判所の専属管轄に服する。

[21. DEFINITIONS（定義）]

本SAに登場する専門用語の定義を記載。

[22. OTHER PROVISIONS（その他の規定）]

22.1 Enforcement Event（担保受領者による担保実行事由）

Enforcement Eventとは、Security-provider（担保提供者）に、(1) 期限前終了日が到来または (2) Event of Default（期限の利益喪失事由）が発生・継続中の場合を意味する。

22.2 Modification to Security-provider's Rights and Remedies（担保提供者の権利と救済規定の修正）

もしここで適用を選択すれば、下記のDelivery in Lieu Right（代替担保の差入の権利）の規定がSection 12.2の末尾に追加される。

「Security-provider（担保提供者）は、Security-taker（担保受領者）の合意なしで、ISDAマスター契約のSection 6 (e) に基づいてSecurity-providerが支払うべき全額を満たすのに必要な担保と同価値の現金を

Euroclear（Clearstream）に指示してSecurity-takerに引渡すことができる。
但し、Security-providerは上記の現金の引渡後も未払額に引き続き責任を
負い、かつ償還の権利等を放棄する。」
22.3 Other provisions（その他の規定）
　特に指定せず（None Specified）。

［署名欄］
　Security-provider（担保提供者）とSecurity-taker（担保受領者）が二者
間で署名。

第5章

The Bank of New York Mellon(BNYM)の Global Collateral Account Control Agreement(ACA)の概要

■1 BNYMのACAの概要

・冒頭部分と WITNESSETH

　ISDAマスター契約、IM CSA（IM CSD）とACAの関係、ACAの契約当事者等を規定。

・ARTICLE I DEFINITIONS

　ACAで使用される専門用語の定義を規定。

・ARTICLE II APPOINTMENT AND STATUS OF SECURITIES INTERMEDIARY ; ACCONT

　担保権の設定、債券担保のみ受入可（現金は不可）、サブ・カストディアンの使用等を規定。

・ARTICLE III COLLATERAL SERVICES

　担保授受の方法、担保の時価評価と過不足の調整、担保差替の方法、担保権実行に関する各種通知、担保口座明細の日次報告義務、担保の運用禁止等を規定。ACAの核心部分。

・ARTICLE IV GENERAL TERMS AND CONDITIONS

　各当事者の注意義務の基準と損害補償の責任範囲、Securities Intermediary（カストディアン＝BNYM）の免責範囲、手数料と費用の支払義務、各種指示の方法、法令に基づく口座情報の開示等を規定。

・ARTICLE V MISCELLANEOUS

　本ACAの解約手続、サインリスト等の交換、通知の手段、準拠法と裁判管轄、ACAの正本冊子の作成方法、米国の各種規制に関する確認規定等を規定。

第5章
The Bank of New York Mellon(BNYM)の Global Collateral Account Control Agreement(ACA)の概要

2 頻繁に発生する文言の変更

BNYMのACAには特約記入欄は無く、BNYMは本文の文言修正を制限しているが、実務上、下記のような文言修正が頻繁に発生。
・担保オペレーションに関する確認規定の追加
・表明規定や免責規定に関する修正
・米国愛国者法（USA PATRIOT Act）に関する確認規定
・JAPANESE PLEDGE ANNEX（日本の質権に関する追加文言）の追加

3 BNYMのACAの問題点

・三者間契約のため、締結交渉に手間が掛かる。
・ニューヨーク州法準拠ACAと英国法準拠ACAで、BNYMの担当部署が異なる。
・ACAの署名済正本の回収が困難。

4 BNYMのACAの条文

以下、ニューヨーク州法準拠ACAの条文に沿って概説し、適宜、英国法準拠ACAとの相違点を付記する。

冒頭部分とWITNESSETH

ISDAマスター契約、IM CSA（IM CSD）とACAの関係、ACAがPledgor（担保権設定者）、Secured Party（担保権者）、Securities Intermediary（カストディアン=BNYM）の三者間契約であること等が記載されている。

ARTICLE I DEFINITIONS

ACAで使用される専門用語の定義が記載されている。

71

ARTICLE II APPOINTMENT AND STATUS OF SECURITIES INTERMEDIARY；ACCONT

1. Appointment; Identification of Collateral（指図及び担保の特定）

Securities Intermediary（BNYM）の口座に保管されている担保物に対して、担保契約（IM CSA／IM CSD）に基づいて、Pledgor（担保権設定者）がSecured Party（担保権者）の為に担保権を設定し、かつ両当事者の指図に従って、Securities Intermediaryは担保物を管理し、担保授受の義務を果たす。

2. Status of Securities Intermediary（BNYMの法的立場）

Securities Intermediaryは、債券を担保物として預かるが、現金は不可。つまりIMとして使用可能な財物は債券のみ（但し、担保差替の場合の例外規定あり）。

3. Use of Depositories and Subcustodians（保管機構やサブ・カストディアンの利用）（本規定は英国法準拠ACAには無い）

両当事者は、Securities Intermediaryが保管機構やサブ・カストディアンを利用することを許容する。

4. Pledgor Representation（担保権設定者の表明）（本規定は英国法準拠ACAには無い）

Pledgorは、当該担保物に他の担保権が付着していないことを表明する。

［英国法準拠ACAにのみ下記3.〜5.の規定あり］

3. Representations and Warranties（表明と保証）

（a）Chargor（担保権設定者）は、(i) 自社が法令に基づき正当に設立された組織であり、本ACAを締結し、担保授受を行う権能を有すること、(ii) 本ACAは適正な承認を経て締結され、法的に有効かつ執行可能であること、(iii) 自社が担保物の所有権を有し、他の担保権が付着していないことを、表明・保証する。

（b）Secured Party（担保権者）は、(i) 自社が法令に基づき正当に設立された組織であり、本ACAを締結し、担保授受を行う権能を有

すること、(ii) 本ACAは適正な承認を経て締結され、法的に有効かつ執行可能であることを、表明・保証する。

(c) Securities Intermediary（BNYM）は、(i) 自社が法令に基づき正当に設立された組織であり、本ACAを締結し、担保授受を行う権能を有すること、(ii) 本ACAは適正な承認を経て締結され、法的に有効かつ執行可能であることを、表明・保証する。

4. Financial Collateral Arrangement（金融担保整備）

　ChargorがSecured Partyのために設定した担保権がFCA Regulations所定のsecurity financial collateral arrangementに該当することを、ChargorとSecured Partyは了解する。

5. Prohibition on Re-use and Rehypothecation（運用と転担保の禁止）

　Secured Partyは、担保物の運用・転担保については、その権利を有さず、かつそれらは厳禁とされている。

ARTICLE III　COLLATERAL SERVICES

1. Obligation Amount; Collateral Eligibility（債務額及び担保の適格性）

　Securities Intermediaryは、毎営業日、PledgorとSecured Partyが提示する書面による通知（Matching Instructions）によりObligation Amount（債務額）と一致する適格担保物の担保価値に基づいて担保授受の責務を果たす。

2. Marks to Market（時価評価）

(a) Margin Value Determination（担保価値の決定）

　毎営業日、Securities Intermediaryは口座内の適格担保物の時価評価を行う。

(b) Margin Deficit（担保不足）

　毎営業日の業務開始時に口座内の適格担保物の担保価値が債務額よりも少ない場合には、Pledgorは当該営業日の営業終了時までに債務額を満たすべく追加担保を口座に差し入れる。

(c) Margin Excess（超過担保）

毎営業日の営業終了後に口座内の適格担保物の担保価値が債務額より
　も多い場合には、Securities Intermediaryは超過担保を口座から
　Pledgorに返戻する。

3. Substitutions（担保差替）

　　Securities Intermediaryは、Pledgorからの指示により担保差替を行う。
　但し、新担保は旧担保の価額以上であり、かつ債務額以上であることが条
　件となる。なお、例外措置として、米ドル等の予め当事者間で合意した通
　貨の現金を新担保とすることも可。

4. Payment of Proceeds（換金額の支払）

　　前条所定の現金による担保差替の際には、債券の売却代金とクーポンを
　口座に入金する。

5. Non-Eligible Collateral（不適格担保）

　　口座内の担保が適格要件を満たさなくなった場合や不適格な担保が口座
　に差し入れられた場合には、Pledgorは可及的速やかに適格担保に差し替
　える義務を負う。

6. Notice of Exclusive Control（排他的支配の通知）

　　Pledgor Termination Notice（担保権設定者の終了通知）の効力発生以
　前であれば、Secured Partyは、いつでも、Securities Intermediaryに
　Notice of Exclusive Controlを送付することにより、口座と担保に対する
　排他的な支配を行使することができる。Securities Intermediaryは上記通
　知の受領を速やかにPledgorに知らせる義務を負うが、Pledgorの了知を
　確認する義務は無い。Secured Partyからの書面による指示に従い、
　Securities Intermediaryは担保を引き渡し、担保引渡の完了し次第、本
　ACAは終了する。→Secured Partyによる担保実行。

7. Pledgor Termination Notice（担保権設定者の終了通知）

　　Notice of Exclusive ControlをSecurities Intermediaryが受領する以前
　であれば、Pledgorは、Securities IntermediaryにPledgor Termination
　Noticeを送付することにより、口座と担保に対する単独の支配を行使する
　ことができる。Securities Intermediaryは上記通知の受領を速やかに

Secured Party に知らせる義務を負うが、Secured Party の了知を確認する義務は無い。Pledgor からの口頭または書面による指示に従い、Securities Intermediary は担保を引き渡し、担保引渡の完了し次第、本 ACA は終了する。→Pledgor による担保実行。

[英国法準拠 ACA では、本規定は 7. Control Event Notice という表題であり、Chargor（担保権設定者）による担保実行の手順が規定されている。]

8. Notice to Contest（異議の通知）

Pledgor Termination Notice を Securities Intermediary が受領した場合には、Secured Party はその効力発生時刻までに Notice to Contest を Securities Intermediary に送付できる。Securities Intermediary は上記通知の受領を速やかに Pledgor に知らせる義務を負うが、Pledgor の了知を確認する義務は無い。その結果、Pledgor Termination Notice は効力を失い、その発信が無かったものとみなされる。

9. Subordination of Lien, Set-off（先取特権や相殺の劣後）

Securities Intermediary が現在または将来に担保に対して有する、先取特権等の担保権や相殺権は、Secured Party の IM CSA（IM CSD）に基づく担保に対する担保権に劣後する旨を当事者は了解する。

10. Statements（ステートメント）

Securities Intermediary は日次口座明細や定期的なステートメントを Pledgor と Secured Party に送付する。Pledgor や Secured Party は上記を E メールで電子的に受領することを選択できるが、かかる送信は暗号化されておらず、安全ではなく、コンピューター・ウィルス感染等のリスクがあること、それによって発生した損害について Securities Intermediary は一切責任を負わないことを了解する。

11. Notice of Adverse Claims（異議申立の通知）

口座や担保の一部に対する先取特権、抵当権等の異議申立の書面通知が届き次第、Securities Intermediary は可及的速やかに Secured Party と Pledgor にその事実を伝えるべく合理的努力を行う必要がある。

12. Rehypothecation（担保の運用）

Securities Intermediaryは担保の運用、転担保、譲渡等を行わない（但し、担保が現金の場合を除く）。

　［英国法準拠ACAでは、12. Rehypothecationの次に13. Use of Sub-custodians and Clearing Systemsという表題の条文があり、その趣旨はニューヨーク州法準拠ACAのARTICLE IIの3. Use of Depositories and Subcustodiansと同様の規定である。］

13. Voting Rights and Corporate Events（投票権と事業再編）（英国法準拠ACAでは項番14）

　　Notice of Exclusive Controlを受領するまでの間、Securities IntermediaryはPledgorからの口頭または書面による指示に従い、口座内の担保に関する投票権や決定権の行使について行動することを認められている。→株式担保のケースを想定。

ARTICLE IV　GENERAL TERMS AND CONDITIONS

1. Standard of Care; Indemnification（注意義務の基準；損害補償）

　（a）Securities IntermediaryはPledgorまたはSecured Partyに発生する費用や損害については一切責任を負わないが、Securities Intermediaryの故意、過失、詐欺等に起因する場合を除く。Securities Intermediaryは保管機構（Depository）の行為や不作為については責任を一切負わないが、サブ・カストディアン（BNYMの関係会社を除く）に起因する損害については、その選任における合理的な注意義務の範囲内で責任を負い、同損害の回復に協力する。

　（b）Securities Intermediaryは、BNYMの関係会社とサブ契約を締結することが可能だが、それによって自身の債務は免除されない。

　（c）Securities Intermediaryは、PledgorやSecured Partyに対するEメールの未着や遅延によって発生した損害については一切責任を負わない。

　（d）Secured PartyやPledgorは、Securities Intermediaryの行為や不作為の結果、発生した損害を補償するが、Securities Intermediaryの故意、過失、詐欺等に起因する場合を除く。

The Bank of New York Mellon(BNYM)の Global Collateral Account Control Agreement (ACA)の概要

(e) Secured Party または Pledgor が、本来、相手方当事者が支払うべき金額を代わりに Securities Intermediary に支払った場合には、実際に支払った当事者からの要請があり次第、本来の支払当事者が直ちに返済を行う。

2. No Obligation Regarding Quality of Collateral（担保品質に責任を負わないこと）

　Pledgor、Secured Party またはその他の者が、誤った担保や受渡が困難な担保を受け入れたことによって発生した損害について、Securities Intermediary は一切責任を負わない。

3. No Responsibility Concerning Collateral Agreement（担保契約について責任を負わないこと）

　Securities Intermediary は、担保契約（IM CSA ／ IM CSD）について、一切責任を負わない。

　［英国法準拠ACAでは、3. No Responsibility Concerning Collateral Agreementの　次　に4. No responsibility regarding Secured Party or Chargor compliance with applicable law という表題の条文があり、その趣旨は『Securities Intermediary は、本ACA、IM CSD、担保明細（Eligible Collateral Schedule）に記載の担保物、債務額（Obligation Amount）の計算方法が適用されるマージン規制を満たしていることを確認する義務を負わない』旨の規定である。］

4. No Duty of Oversight（監督の義務が無いこと）（英国法準拠ACAでは項番5）

　Securities Intermediary は担保が（適用されるマージン規制上の）適格担保であり、かつ必要な担保価値を有することを決定する義務を負うが、担保の調達や処分等についての監督や助言の義務を負わない。

5. Advice of Counsel（弁護士の助言）（英国法準拠ACAでは項番6）

　Securities Intermediary は、法的問題について弁護士の助言を得ることができ、同助言に沿って誠意をもって行った行為や不作為は全て法的に完全に保全される。

77

6. No Collection Obligations（担保取立を行わないこと）（英国法準拠ACA
では項番7）

　Securities Intermediaryは、不渡となった担保や拒絶された支払につい
ては、措置を講ずる義務を一切負わない。

7. Fees and Expenses（手数料と費用）（英国法準拠ACAでは項番8）

　Pledgorは、合意した手数料、担保授受に要した費用または通常の付随
サービスの費用をSecurities Intermediaryに支払う。

8. Effectiveness of Instructions; Reliance; Risk Acknowledgements;
Additional Terms（指示の効果、信頼、リスクの認識、追加条件）（英国
法準拠ACAでは項番9）

（a）Securities Intermediaryは、自身が受領しかつ正当に承認され発信さ
れたと合理的に信じるに足りる、書面または口頭の指示に依拠するこ
とができる。Secured PartyとPlrdgorは、口頭指示を行った日の営
業終了時までに書面でその確認を行うが、確認の不首尾は口頭指示の
効力に影響を与えないことに同意する。

（b）Securities Intermediaryは、書面による指示をファクシミリ、Eメー
ル等の電子通信機器によって受領した場合、その送信者が正当な承認
を得た者であることを前提とする。

（c）Secured PartyとPledgorは、Securities Intermediaryに対する書面指
示の送信方法に伴うリスクとその保全策について十分に認識し、かつ
情報セキュリティについて商業的に合理的な配慮が求められることに
同意する。

（d）Secured PartyとPledgorが書面指示の送信をSecurities Intermediary
の提供するオンライン通信システムで行う場合には、別紙
（APPENDIX I）記載の契約条件に従って行うが、もし外部業者提供
のオンライン通信システムを使用する場合には、Securities
Intermediaryはその信頼性や利便性について一切責任を負わない。

9. Account Disclosure（口座情報の開示）（英国法準拠ACAでは項番10）

　Securities Intermediaryは、法令上、求められる、口座に関する情報開

第5章
The Bank of New York Mellon(BNYM)のGlobal Collateral Account Control Agreement(ACA)の概要

示を行う権限を与えられている。

10. Force Majeure（不可抗力）（英国法準拠ACAでは項番11）

　　Securities Intermediaryは、自然災害、戦争、騒擾、疫病、労働争議等の不可抗力による、本ACA上の債務の不履行や履行遅延については責任を負わない。

11. Market Data Supplied By Data Providers（情報ベンダー等の提供する市場データ）（英国法準拠ACAでは項番12）

　（a）Securities Intermediaryは、情報ベンダー等の提供する市場データに基づいて本ACA上の債務を履行するが、当該市場データの正確性について表明・保証は一切行わず、かつ同市場データの誤りによって発生した損害については一切責任を負わない。

　（b）PledgorとSecured Partyは、市場データの使用に際して、その知的財産権に関する契約条件を遵守する。

12. No Implied Duties（暗黙の義務は無いこと）（英国法準拠ACAでは項番13）

　　Securities Intermediaryは、本ACAに明記されていない義務と責任は一切負わず、かつ本ACAに関する暗黙の約束や債務は一切ないものとする。

ARTICLE V　MISCELLANEOUS

1. Termination（解約）

　（a）以下の場合に本ACAは解約される。

　　（i）　Securities Intermediaryが、Secured Partyから担保への担保権の行使を止める旨の書面通知を受領した場合

　　（ii）　Securities Intermediaryが、担保契約（IM CSA／IM CSD）が解約され、口座内の全ての担保がPledgorに返還される旨のPledgorとSecured Partyの連名の書面通知を受領した場合

　　（iii）Securities Intermediaryに、Secured PartyからNotice of Exclusive Controlが届き、全ての担保がSecured Partyに引渡された場合

　　（iv）Pledgor Termination Noticeによって、その効力発生時刻が到来し、

79

全ての担保が口座から払い出された場合

(b) 90日前までにSecurities IntermediaryからPledgorとSecured Party
に解約通知が届いた場合も、本ACAは解約される。但し、後継のカ
ストディアンに担保が引き継がれるまでは解約は有効とならない。

(c) 特段の定めの無い限り、本ACAの解約をもって、本ACAに基づく
各当事者間の債務は全て消滅する。

2. Certificates of Authorized Persons（承認された人物の証跡）

Secured PartyとPledgorは、人事異動等による変更の都度、（担保授受
の指図をSecurities Intermediaryに対して行う権限を）承認された人物に
ついての証跡（サインリスト等）をSecurities Intermediaryに交付する。

3. Notices（通知）

本ACAにおける全ての通知は以下の宛先に行う。

(a) Securities Intermediaryの住所と代表Eメールアドレス

(b) Secured Partyの住所と代表Eメールアドレス

(c) Pledgorの住所と代表Eメールアドレス

[英国法準拠ACAにのみ下記4.～6.の規定あり]

4. FCA Rules（FCAルール）

Chargor（担保権設定者）は、FCA Rule上、Securities Intermediary
の顧客であり、プロ顧客に分類される。FCA Ruleのより強い保護を受け
るべく、プロ顧客はリテール顧客の区分に移行することが可能だが、もし
Chargorがリテール顧客の区分に移行した場合には、Securities
IntermediaryはIM管理のサービスを提供できなくなる。

5. 表題なし：

Secured Partyは、本ACAの締結の結果、FCA Rule上、Securities
Intermediaryの顧客にはならない。

6. 表題なし：

BNYMはニューヨーク連銀とPrudential Regulation Authorityの監督
下にあるが、BNYMロンドン支店は英国のFCAの規制にも従う。

第5章
The Bank of New York Mellon（BNYM）のGlobal Collateral Account Control Agreement（ACA）の概要

4. Cumulative Rights; No Waiver（累積的な権利、放棄でないこと）（英国法準拠ACAでは項番7）

　　本ACAに基づいてSecurities Intermediaryに認められている権利は累積的なものであり、他の法令上の権利に追加されるものでる。かかる権利のSecurities Intermediaryによる部分的行使や行使の遅延は、その放棄とはみなされない。

5. Severability; Amendments; Assignment（可分性、修正、譲渡）（英国法準拠ACAでは項番8）

　　本ACAの条項が特定の裁判管轄において無効、違法、執行不能となっても、それ以外の条項は何ら影響を受けない。本ACAは当事者間の書面による合意によってのみ修正が可能である。本ACAは相手方当事者の書面による合意なしでは第三者に譲渡できない。

6. Governing Law; Jurisdiction; Waiver of Immunity; Jury Trial Waiver（準拠法、裁判管轄、主権免除特権の放棄、陪審の権利の放棄）（英国法準拠ACAでは項番9）

　　本ACAの準拠法はニューヨーク州法とし、本ACAに関する法的紛争の裁判管轄はニューヨーク市に在る米連邦裁判所の管轄とする。なお、本ACAに関する法的手続において、各当事者は主権免除特権と陪審の権利を放棄する。

　　［英国法準拠ACAでは、本規定は9. Governing Law; Jurisdiction; Waiver of Immunityという表題であり、準拠法を英国法とすること、裁判管轄を英国の裁判所の専属管轄とすること、本ACAに関する法的手続における主権免除特権を放棄することが規定されている。］

7. No Third Party Beneficiaries（第三者である受益者は居ないこと）（英国法準拠ACAでは項番10）

　　本ACAに基づく債務の履行において、Securities IntermediaryはSecured PartyとPledgorのためだけに行為し、第三者との間で契約が成立したとみなされることは一切無い。

8. Headings（表題）（英国法準拠ACAでは項番11）

81

本ACAにおける各条項の表題は便宜上のものであり、各条項の解釈に実質的な影響は無い。

9. Counterparts（複数部の冊子）（英国法準拠ACAでは項番12）

本ACAは複数部の冊子を作って署名締結することが可能であり、その各冊子は正本とみなされるが、かかる正本冊子は全体として1個の契約である。

10. USA PATRIOT Act and Unlawful Internet Gambling Enforcement Act Notices（米国愛国者法と違法インターネット賭博取締法に関する通知）（本規定は英国法準拠ACAには無い）

（a）Securities Intermediaryには米国愛国者法に基づくKYC手続を遵守する義務があり、担保授受用の口座開設の際にPledgorやSecured Partyの本人確認のための各種データの提供を求める必要がある。

（b）Secured PartyとPledgorは、違法インターネット賭博取締法に該当するような方法での担保授受を行わないことを了解する。

［英国法準拠ACAにのみ下記13.～14.の規定あり］

13. Other Disclosures（その他の情報開示）

（a）BNYMグループの各社は、本ACAに関する情報を、BNYMグループの他の会社や下請け業者に開示共有できる。

（b）BNYMがSecured PartyやChargorの従業員の個人情報を収集、利用、開示するには、彼らの同意が必要である。

（c）上記（a）、（b）に登場する専門用語の定義を規定。

14. Conflicts and Entire Agreement（解釈の優先順位と完全な合意）

本ACAとカストディ契約の規定が矛盾する場合、本ACAの規定が優先される。本ACAは、当該口座に関する当事者間の完全な合意を形成し、同口座に関する本ACA締結以前の合意は全て消去・更新される。

［署名欄］

担保権設定者、担保権者、BNYMの三者間で署名。

第6章

JPMorgan Chase Bank, N.A.(JPM)の
Account Control Agreement
(Triparty)(ACA)の
概要

［JPMのACAの条文］

冒頭部分

本ACAがSecured Party、Pledgor、JPMの三者間契約であることを規定。

Section 1. INTENTION OF THE PARTIES; DEFINITIONS

1.1 Intention of the Parties

　　本ACAとIM CSA（IM CSD）の関係、契約当事者間の関係、各契約当事者の役割等を規定。

1.2 Definitions; Interpretation

　　本ACAに登場する専門用語の定義を規定。

Section 2. J.P. MORGAN'S OBLIGATIONS（英国版ACAではWHAT J.P. MORGAN IS REQUIRED TO DO）

2.1 Appointment of J.P. Morgan

　　JPMはPledgorの名義でSecured Partyのための担保物（債券、現金）の決済口座を開設する。PledgorはSecured Partyが決済口座に担保権を設定することを承諾し、かつJPMを担保物のカストディアンに指定する。JPMはその指定を応諾し、決済口座の開設と管理を行う。PledgorとSecured Partyは決済口座での担保授受をJPMに委託する。

2.2 Segregation of Assets; Nominee Name

　　適用法令の許す範囲で、JPMは担保管理をサブカストディアン等に委託できる。JPMは担保管理に不適切な財物の受入を拒絶できる。JPMとPledgorとの別契約に基づいて、JPMは、Secured Partyの担保権に服さないPledgor専用の口座を必要に応じて開設し管理する。本ACAに基づく担保決済口座における担保権は、いかなるときも、JPMが管理する他のいかなる者の財物にも及ばず、分別される。

2.3 Collateral Management Terms

　（a）PledgorとSecured PartyはJPMに必要担保価額（Required

第6章

JPMorgan Chase Bank, N.A.（JPM）のAccount Control Agreement（Triparty）（ACA）の概要

Collateral Value）を両者の合意した指示（Matching Instruction）として提示する。適時の指示が無い場合には、JPMは前回の指示に基づいて対応する。

(b) 当該営業日において、口座内の担保価額が必要担保価額に不足する場合（Margin Deficit）には、PledgorはJPMに追加担保の差入を指示し、口座内の担保価額が必要担保価額より多い場合（Margin Surplus）には、PledgorとSecured PartyはJPMからの余剰担保の返戻（Surplus Returns）を指示する。

(c) JPMはPledgorの指示により担保決済口座に差入れられる全ての担保が適格担保であることを確認する義務を負う。JPMは不適格担保をPledgorに返還する。

(d) Pledgorの口座への適格担保の適時の差入が無かった場合には、JPMは同口座から担保決済口座への振替を行えず、免責される。

(e) JPMは、PledgorとSecured Partyが締結しているIM CSA（IM CSD）における債務不履行のリスクについて一切責任を負わない。

(f) 本ACAに基づいて授受される適格担保の価額と当該IM CSA（IM CSD）に基づいて授受されるべき適格担保の価額に差異が生じる可能性があるが、JPMはその差異について一切責任を負わない。

(g) 全ての担保授受はJPMの記帳をもって完了したものとみなす。

(h) JPMへの担保の差入は当該市場における決済機構（Clearing Corporation）を経由して行うことも可能である。

(i) JPMはその判断により担保物保管証（trust receipt）、現金、株券（physical certificates）の受入を拒絶できる。

(j) JPMはOperating Guidelines所定の時刻以前には本Section 2.3所定の責務を履行する義務を負わない。

(k) 本Section2.3所定のJPMの履行義務は、Notice of Exclusive ControlまたはNotice of Secured Party Defaultを受領し次第、直ちに終了または停止する。

2.4 Payment of Income; Voting Rights（英国版ACAではCorporate

85

Actions, Proceeds in respect of Collateral; Voting Rights)

（担保物が株式の場合等において）もし担保物がその発行会社の組織再編等（Corporate Action）によって悪影響を受けた場合には、同担保物は価値ゼロと見做し、Pledgorは新しい担保への差替に同意する。JPMはCorporate Actionについては一切責任を負わない。

2.5 Substitution of Collateral

Secured Partyは当該IM CSA（IM CSD）の契約条件に基づいて、Pledgorに担保差替を許容する。JPMは、新しい担保（Substitute Collateral）が適格担保であり、差替前の担保と同価値であり、必要担保価額を満たしていることを条件（Substitution Conditions）に上記担保差替を有効とする。

2.6 Control

・JPMは、（Pledgorにデフォルトが発生し）Secured Partyの責任者からSecured Partyが担保決済口座に対する排他的な支配を行使する通知（Notice of Exclusive Control／Secured Partyによる担保実行の通知）が書面で届いた場合には、可及的速やかに、その事実をPledgorにEメール等で連絡し（Pledgorの了知を確認する義務は無い）、かつPledgorの発した指示に従うのを止め、以降は、担保決済口座内の担保物の全てまたは一部をSecured Partyに引渡す旨のSecured Partyからの指示のみに従う。

・JPMは、（Secured Partyにデフォルトが発生し）Pledgorの責任者からPledgorが担保決済口座に対する排他的な支配を行使する通知（Notice of Secured Party Default／Pledgorによる担保実行の通知）が書面で届いた場合には、可及的速やかに、その事実をSecured PartyにEメール等で連絡し（Secured Partyの了知を確認する義務は無い）、かつSecured Partyの発した指示に従うのを止め、以降は、Pledgorからの指示のみに従う。

・JPMがNotice of Secured Party Defaultについての異議通知（Notice to Contest）をSecured Partyから異議申立期限（Contest Period

End Time）までに受領した場合には、Notice of Secured Party Defaultは無効とみなされる。

・Pledgor、Secured Partyは、上記の各通知の発信に際して、その写を相手方に送付する義務を負う。なお、JPMは、かかる写の送付の有無、当該IM CSA（IM CSD）に基づくデフォルト発生の有無、各通知の記載内容の正確性について、一切責任を負わない。

2.7 Account Statements

JPMは担保決済口座内の担保明細の情報をPledgorとSecured Partyに電子的な方法で知らせ、PledgorとSecured Partyは届いた情報を点検し、その誤記や記載漏れの疑いや情報の判読不可について、JPMに書面で知らせる。

2.8 Amendment of the Eligibility Schedule ; Termination Currency

担保明細（Eligibility Schedule）の変更には当事者の署名は必須ではなく、PledgorとSecured Partyが電子的な方法で修正後の担保明細を個別にJPMに送付すれば、それで変更は有効となる。

Section 3. INSTRUCTIONS

3.1 Acting on Instructions; Method of Instruction and Unclear Instructions

PledgorとSecured Partyは、担保授受の指示の結果、JPMが被った損害を共同して補償する。上記の指示は電子的な方法で行う。当該指示が不明確であり、必要な情報が不足する場合、JPMは相手方の責任者に直ちに通知する。その結果、もし解決しない場合には、JPMは当該指示に基づく対応を拒絶でき、それによる損害には一切責任を負わない。

3.2 Reliance Upon Account Numbers Provided

JPMはSecured Partyから指定された口座番号等が正しいことを前提に、同口座番号で資金の授受を行い、もし同口座番号が正しい受益者でなかったとしても、一切責任を負わない。

3.3 Verification and Security Procedures

JPM、Pledgor、Secured Partyは、指示の認証や授受について所定

の情報セキュリティ手続（Security Procedures）に従い、パスワード
等が合理的に保護されていることを確認する。各当事者は相手方との通
話の録音に同意する。

3.4 Instructions; Contrary to Law / Market Practice

　　JPMは、当該指示が適用法令や市場慣行に反していると確信する場
合には、同指示に従う必要が無く、かつ同指示が適用法令や市場慣行を
遵守しているか否かを調査する義務も負わない。かかる場合、JPMは
その事実を可能な範囲でPledgorまたはSecured Partyに通知する。

3.5 Cut-Off Times

　　JPMは、PledgorまたはSecured Partyが対応可能な指示の到着時限
を設定する。もしJPMが到着時限以降に指示を受領した場合、JPMは
可能と思われる場合に限り受領日当日中の対応を試みるが、さもなけれ
ば、その翌日に対応する。

3.6 Electronic Access

　　JPMは、PledgorやSecured PartyによるJPMのwebsiteへのアクセ
スを常にモニタリングし、同アクセスを制限することができる。
Pledgorのアクセスは閲覧のみ可能であり、JPMはSecured Partyのア
クセス履歴をPledgorに伝える義務を負わない。上記websiteに掲示の
情報は、あくまでも掲示時点の情報であり、その後の変化は反映してお
らず、掲示情報によって発生した損害について、JPMは一切責任を負
わない。

Section 4.　FEES, EXPENSES AND OTHER AMOUNTS OWING TO J.P. MORGAN

4.1 Fees and Expenses

　　JPMは、本ACAに基づくサービスの対価として、書面で合意した手
数料及びJPMが合理的に支出した費用を、PledgorとSecured Partyか
ら受領する。請求書や遅延利息についても規定。

4.2 Overdrafts

JPMは担保決済口座での貸越（残高不足の際の立替払）を行う義務を負わない。

4.3 Security Interest

Pledgorは Secured Party が JPM に開設した口座内の担保物に担保権（Control Agreement Security Interest）を設定することを許容する。JPMの権利は、当該IM CSA（IM CSD）に基づいてPledgorがSecured Partyに付与した担保権に劣後するが、Secured Partyの権利行使の結果、JPMに発生した経費や手数料の請求権を除く。但し、かかる請求権の行使は、Secured Party がもはや口座内の担保物に対する担保権の行使を行わない旨を表明した場合に限る。JPMは口座内の担保物に対する担保権に服さず、かつ当該担保物について第三者のために担保権を設定しない。JPMは Secured Party の事前の書面による同意無しで口座内の担保物の払出や第三者への譲渡等を行わない。

Section 5. SUBCUSTODIANS AND SECURITIES DEPOSITARIES

5.1 Maintenance of Securities at Subcustodian Locations

JPMは担保物の管理に Subcustodian や Securities Depositoty を使用できる。

5.2 Use of Securities Depositaries

JPMは Securities Depository の選定や監督について責任を負わない。Securities Depository の故意、重過失、破産によって Secured Party や Pledgor に発生した損害については、JPMはそのリカバリーをSecurities Depository に求めるべく合理的な努力を行うが、法的な手続を行う義務は負わない。

5.3 Liability for Subcustodians

JPMは、Secured Party または Pledgor が、Subcustodian の不注意、故意、詐欺や JPM の支店または関係会社である Subcustodian の破産によって被った損害について責任を負う。しかし、JPMは、JPMの支店や関係会社ではない Subcustodian の破産によって Secured Party または

Pledgorが被った損害については責任を負わない。

Section 6. ADDITIONAL PROVISIONS

6.1 Representations of Secured Party and Pledgor

Secured PartyとPledgorは以下のことを表明する。

（a）　各当事者は合法的に設立され、本ACAを締結し、同所定の義務を果たす権能を有すること、（b）本ACAは法的に有効であり、法令との抵触は無く、執行可能であること、（c）各当事者のために本ACAを署名締結する者は正当かつ適正にその権限を承認されていること。

6.2 Representation of Pledgor

Pledgorは以下のことを表明する。

（a）　Pledgorは担保物を所有しており、同担保物には当該IM CSA（IM CSD）に基づく担保権以外の担保権は一切付着していないこと、（b）担保物の債券も現金も、米国の1974年Employee Retirement Income Security Act所定の”plan assets”に該当しないこと。

6.3 Representations of J.P. Morgan

JPMは以下のことを表明する。

（i）　本ACAはJPMに対する法的に有効な拘束力を有すること、（ii）JPMは本ACAを締結する権能を有し、かつ適正な社内手続を実行済であること、（iii）JPMはnational banking associationであり、正当に設立され、本ACA所定の義務を果たす権能を有すること、（iv）JPMは債券用口座をカストディ口座として維持すること。

Section 7. CONCERNING J.P. MORGAN

7.1 Standard of Care, Liability and Indemnification

　　JPMは本ACA所定の義務の履行には合理的な注意を払い、本ACAに違反しない。JPMは、JPMの詐欺、重過失、故意によって発生した損害に限り、PledgorまたはSecured Partyに対して責任を負う。JPMの詐欺、重過失、故意に起因せず発生した損害については、Pledgorま

たはSecured Partyが負担する。JPMは、PledgorやSecured Partyの担保授受の指示や担保物の調達等への示唆、監督、助言等については、一切行わず、一切責任を負わない。

7.2 Force Majeure

JPMは、各種の不可抗力によってPledgorやSecured Partyに発生した損害については一切責任を負わない。

7.3 J.P. Morgan May Consult With Counsel

JPMは、その業務上、弁護士等の外部の専門家に相談することがあるが、彼らの助言に基づく対応については、PledgorやSecured Partyに一切責任を負わない。

7.4 J.P. Morgan Provides Diverse Financial Services and May Generate Profits as a Result

JPMには、PledgorやSecured Partyとの他の金融取引において、本ACAに基づく取引との潜在的な利益相反が生じる等の可能性があるが、それをPledgorとSecured Partyは承認する。

7.5 Corporate Actions, Ancillary Services

JPMは、口座内の担保物（株式等）の発行会社の組織再編（Corporate Action）に伴う付帯的なサービスは一切行わない。

7.6 Service Locations

JPMは、本ACAに基づくサービスを米国及び各国に在る拠点で行うが、そのカストディアンとしての法域は米国ニューヨーク州である。

7.7 Applicable Law, Uncertainty, Disputes

JPMは、法令または監督官庁や裁判所の命令等に反して担保物の授受を行わない。JPMは、その義務や権利に不確定さや紛争がある場合またはNotice of Exclusive Controlを受領した場合には、担保授受の指示を謝絶できる。JPMは監督官庁や裁判所の命令等に服するが、それらが事後的に修正、撤回、失効した場合を除く。

7.8 No Responsibility for Collateral until Received; Reverses

JPMは、当該担保物を実際に口座で受領するまでは、同担保物につ

いてカストディアンとしての責任を負わない。一旦、口座に受入記帳されても、実際に当該担保が届かない場合には、JPMは同受入記帳を取り消すことができる。

7.9 Valuation, Ratings, Other Eligibility Criteria

　　JPMがPledgorとSecured Partyに送付するステートメントには担保物の時価評価額が含まれる。JPMは、情報ベンダー会社の提供する市場データを、その正確性の検証を行わずに使用して、当該担保物の時価評価を行うことを認められており、もし使用した市場データが情報ベンダー会社の事務ミス等によって誤ったデータであったとしても、一切責任を負わない。

7.10 Exclusion of Duties Outside this Agreement

　　JPMは、本ACAに記載されている義務と責任以外には、いかなる義務も責任も負わない。

Section 8. TAX OBLIGATIONS AND SERVICES

8.1 Authorization to Deduct（英国版ACAではAuthorisation to Deduct）

　　Pledgorは口座内の担保物に関する税金をJPMに支払う。他方で、JPMは当該税金を口座内の担保物から控除することを許可されている。

8.2 Pledgor to Provide Documentation

　　PledgorはJPMに税金に関する情報、書面等を提供し、それらが正しい内容であることを保証し、変更があれば知らせる。JPMには、税金のモニタリング等を行う義務は無く、税金の変更の結果、税金に関する情報が不正確なものとなっても、何ら責任を負わない。たとえJPMが税金に関する正しい情報を受領していなくても、もし適切に課税されれば、当該税金を担保物の収益から控除する。Pledgorは適時の納税に責任を負うが、JPMの重過失による納税遅延についてはJPMが責任を負う。

8.3 Tax Relief Service

　　JPMは税金の控除を最低限度で行う。JPMによる租税救済サービスの実施は、Pledgorからの申立や別途の合意に基づいて行い、それ以外

第6章

JPMorgan Chase Bank, N.A.(JPM)のAccount Control Agreement（Triparty）（ACA）の概要

の責任を負わない。

Section 9. TERMINATION

　本ACAの各当事者は、90日以内の他の当事者への解約日を指定する書面による通知の送付によって、本ACAを解約することができる。解約の結果、Secured PartyとPledgorは、JPMに対して、解約に伴う手数料等を支払い、JPMは担保物の保管の移転に関するPedgorとSecured Partyの合理的な指示に従う。JPMは、休眠口座についての合理的な維持費を請求する権利を有する。

　［英国版ACAには、Section 10. REGULATORY MATTERSという規定あり]

10.1 J.P. Morgan is regulated

　　米国版ACAの10.6とほぼ同じ内容の規定。

10.2 Regulatory Notifications

　　JPMが担保物の管理をSubcustodianやSecurities Depositoty等の第三者に委託する場合の手順、注意事項、責任範囲等を規定。担保物が英国外に所在する場合に、JPMは英国以外の国の規制に服する。混蔵保管口座での担保保管には、他の顧客の財物との混入のリスクがある。現金担保の場合には、JPM固有の現金との分別管理ができない。本ACAに関する苦情は、書面にて、JPMロンドン支店の担保管理部署のコンプライアンス担当にて承る。]

Section 10. MISCELLANEOUS （英国版ACAではSection 11.)

10.1 Notifications （英国版ACAでは11.1）

　　住所連絡先の変更通知が各当事者から適切に相手方当事者に届くまでは、本Section 9に基づく解約通知は本ACAの最初の頁に記載の連絡先に送達される。Notice of Exclusive Control、Notice to Contest、Notice of Secured Party DefaultはEメールによってJPMに到着し次第、効力を発する。それらの通知の正本（physical copy）をJPMに送付する義

93

務はあるが、その不履行はそれらの通知の効力に何ら影響を与えない。

10.2 Successors and Assigns（英国版ACAでは11.2）

　本ACAは各当事者の承継者や譲受人も拘束する。各当事者は、他の当事者の事前の書面による同意無しで本ACAの債権・債務を第三者に譲渡できないが、その同意を不当に留保、遅延しない。但し、その例外として、JPMは他の当事者の同意無しで本ACAを、（a）当該マージン規制に基づく当初証拠金の管理の目的でJPMの関係会社に、（b）M&Aによって JPMのカストディ業務を引き継いだ組織に、それぞれ譲渡できる。

10.3 Entire Agreement（英国版ACAでは11.3）

　本ACAは当事者間の完全な合意を成し、担保決済口座に関する、口頭または書面による他の同意や表明等に取って代わる。本ACAの条件変更は全当事者（Pledgor、Secured Party、JPM）の署名のある書面によらねばならない。別紙のOperation Guidelineは本ACAの一部を構成せず、いずれの当事者にも法的義務を発生させない。

10.4 Insurance（英国版ACAでは11.4）

　JPMは、本ACAに基づく担保管理について、契約上、Pledgorや Secured Partyのための保険による保護を求められていないが、要請があれば、JPMは自身の一般的な保険による保護の詳細を示す。

10.5 Security Holding Disclosure（本規定は英国版ACAには無い）

　米国のShareholder Communications Actに基づくSecurities and Exchange Commission Rule 14b-2関して、JPMは口座内の担保物（債券、株式等）の発行組織のステークスホルダーからの照会に対して、Pledgorや Secured Partyの名前、住所、担保物の残高を開示しないことを求められる。

10.6 U.S. Regulatory Disclosure（本規定は英国版ACAには無い）

　（a）JPMは、USA PATRIOT Actに基づく本人確認手続の実施を求められるため、Pledgorや Secured Partyに必要な証跡の提供を求める。

　（b）JPMは、マネーローンダリング防止や経済制裁による取引禁止に

関する法令を遵守する義務があり、PledgorとSecured Partyはそれに協力しなければならない。JPMは、penny stock（投機的低位株）は担保物として口座に受け入れない。

10.7 GOVERNING LAW AND JURISDICTION（英国版ACAでは11.5）

本ACAの準拠法、裁判管轄、訴状送達受領代理人（Process Agent）を規定。米国版ACAでは、ニューヨーク州法を準拠法とし、ニューヨークの裁判所の専属裁判管轄とする。英国版ACAでは、英国法を準拠法とし、英国の裁判所の非専属裁判管轄とする。なお、米国版ACAでは、本ACAに関する陪審の権利を放棄する。

10.8 Severability, Waiver and Survival（英国版ACAでは11.6）

特定の法域において、本ACAの一部の条項が無効または違法となっても、他の法域では有効、適法であり、かつそれ以外の条項には何ら影響は無い。本ACA所定の権利の不行使、行使遅延、部分的な行使は、権利の放棄とみなされない。

10.9 Confidentiality（英国版ACAでは11.7）

JPMは、法令上の情報開示義務、監督官庁からの情報開示要請、他の当事者からの情報開示同意の取得の場合を除き、本ACAに関する守秘義務を負う。PledgorとSecured Partyは、JPMが、その下請け業者等、弁護士等の専門家、JPMの本支店または関連会社、税務署や政府機関等に本ACAに関する情報を開示することを許可する。

10.10 Use of J.P. Morgan's Name（英国版ACAでは11.8）

PledgorとSecured Partyは、彼らの作成、発表する書類（例: 広告宣伝）に、JPMの名前を、JPMの事前の書面による許可無く使用しない。但し、JPMがカストディアンを務めている事実のみを表示する場合には、上記の事前の許可は不要。

10.11 Counterparts（英国版ACAでは11.9）

本ACAは複数部の冊子（ファクシミリその他の書面を含む）で署名締結が可能であり、各冊子は正本とみなされ、全体として1個かつ同一の契約書を構成する。

10.12 No Third Party Beneficiaries（英国版 ACA では 11.10）

　本 ACA の契約当事者以外のいかなる者も本 ACA の契約条件を強制する権利を有さない。

[署名欄]

　Pledgor、Secured Party、JPM の三者間で署名。

第7章

「当初証拠金分別信託契約書
（特定包括信託契約）」の概要

1 信託スキームの事務フロー

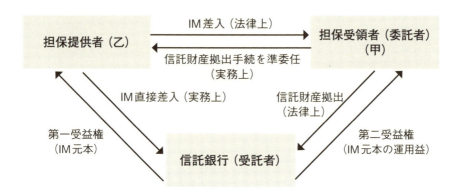

(法律上の事務フロー)
　担保提供者は担保受領者に当初証拠金を差入れ、担保受領者が委託者として、当初証拠金を信託財産として、受託者である信託銀行に拠出して信託を設定する。

(実務上の事務フロー)
・担保受領者（委託者）から担保提供者に対して信託財産拠出手続を準委任し、担保提供者が直接、信託銀行（受託者）に当初証拠金を信託財産として拠出する。
・逆に、担保返戻の場合には、担保受領者（委託者）の指図に基づき、信託銀行（受託者）から直接、第一受益者である担保提供者に担保の元本を返戻し、第二受益者である担保受領者には同元本の運用益を支払う。

2 信託協会の雛形における2様式

・信託協会制定の当初証拠金分別信託契約書の雛形には、「担保返還・収益交付版」と「残額交付版」の2様式あり。いずれの様式も、信託財産拠出手続については、前述の実務上の事務フローを契約条件として規定。

> 第7章
> 「当初証拠金分別信託契約書(特定包括信託契約)」の概要

・両様式は殆ど同じ内容であり、担保受領者のデフォルトによる担保実行時に、信託銀行が当該担保の全額を担保提供者に返還する(担保返還・収益交付版)か、発生した損害のカバーに充当した後の残余担保を担保提供者に返還する(残額交付版)かの点のみが異なる。

・実務上は、「担保返還・収益交付版」が一般的。

3 信託協会の「担保返還・収益交付版」様式の概要

契約当事者: 第一受益者(担保提供者/乙)、委託者兼第二受益者(担保受領者/甲)、受託者(信託銀行)

第1条.(用語の定義)

本契約における専門用語の定義を規定。

第2条.(信託の目的)

当該担保を担保受領者の固有財産と区分して管理することが目的。

第3条.(受益者の定義)

第一受益権は預託した担保の返還を受ける権利、第二受益権は預託を受けた担保から発生した収益を受ける権利。

第4条.(信託財産の拠出方法等)

甲(委託者兼担保受領者)は、担保の信託銀行(受託者)への拠出手続を乙(担保提供者)に委任し、乙から直接、信託銀行に担保を拠出させる。

第5条.(信託財産の管理・運用)

付則の第1条に定める財物(国債、地方債、社債、外債、現金等)を担保(信託財産)として預託すること、担保授受や運用の指図の方法等を規定。

第6条.(信託の登記・登録の留保等)

受託者(信託銀行)は、必要に応じて、信託の登記や登録を行うことができる。

第7条．（信託財産の価額の定義）

　　　　信託財産の価額は、付則の第3条に定める信託財産の取得価額とする。但し、債券については、償却原価法に基づいて算定された価額により評価する。

第8条．（計算期日および計算期間）

　　　　計算期日は、原則として、付則に定める日（但し、付則に計算期日の規定なし）および信託終了日とし、信託開始日または前計算期日の翌日からその計算期日までの期間をその計算期間とする。実務上、計算期間は毎年4月1日から翌年3月31日。

第9条．（信託報酬）

　　　　委託者兼第二受益者（担保受領者／甲）が受託者（信託銀行）に支払う信託報酬の計算方法と支払方法を規定（注）。信託報酬の料率は付則の第4条で規定。

　　　（注）信託協会の様式では信託報酬を甲（担保受領者／委託者）が負担する規定となっているが、実務上は、乙（担保提供者）が負担するのが通例である。

第10条．（租税および信託事務費用）

　　　　信託財産に関する租税や信託事務費用は、原則、信託財産の中から支払う。

第11条．（信託の元本額の定義）

　　　　当初信託金額を当初の信託の元本額とし、追加拠出の際にはその金額を加算し、損失の元加や解約の際にはその金額を減算する。

第12条．（信託の損益額の定義）

　　　　計算期日における信託財産の価額の合計額から当該計算期日における信託の元本額を控除した額を信託の損益額とする。

第13条．（信託の計算および損益の処理方法）

　　　　受託者（信託銀行）は、計算期日に信託の損益額を計算する。計算の結果、収益は甲（担保受領者）または乙（担保提供者）に交付し、損失は元本（信託財産）に組入れる。

> ### 第7章
> 「当初証拠金分別信託契約書(特定包括信託契約)」の概要

第14条. (当初証拠金額（担保金額）の取り扱い)

　　　　当初証拠金の所要額は甲乙間のIM CSAに基づいて、IM CSA所定のValuation Agent〔評価代理人／甲、乙のいずれか〕が計算した金額に依拠し、受託者（信託銀行）はその計算の正確性の確認義務を負わない。

第15条. (契約期間の延長)

　　　　甲（委託者）または受託者（信託銀行）のいずれか一方から書面による契約終了の意思表示が無い限り、本信託契約は自動的に更に1年間延長される。

第16条. (受託者による信託の解約)

　　　　受託者（信託銀行）は、経済情勢の変化等の相当の事由により信託契約の履行が困難となった場合に、甲および乙に対し、○か月前までの書面による予告によって本信託契約を解約できる。

第17条. (信託の合意解約)

　　　　甲が乙の承諾を得て、受託者所定の方法により受託者に通知し、信託の全部または一部の解約の意思表示をした場合において、受託者がやむを得ない事由によるものと認めたときは、受託者は解約に応じることがある。

第18条. (受益権の範囲)

　　　　乙（担保提供者）の有する第一受益権の金額は、甲（担保受領者）の期限の利益喪失時には信託財産の元本の価額、乙の期限の利益喪失時には発生した損害の控除後の信託財産の元本の価額（Excess IA（／IM））とし、甲の有する第二受益権の金額は信託財産から得られた収益とする。

第19条. (甲の破綻等（第一受益権の行使事由他）)

　　　　乙（担保提供者）は、甲（担保受領者）にEvent of Default等に基づく期限前終了日が指定された場合、直ちにその旨を受託者（信託銀行）に所定の方法で通知し、所定様式の書面（第一受益権行使書）の受託者への提出によって、第一受益権を行使できる。

101

第20条.（乙の破綻等に基づく信託の全部の解約）

　　　甲（担保受領者）は、乙（担保提供者）にEvent of Default等に基づく期限前終了日が指定された場合、直ちにその旨を受託者（信託銀行）に所定の方法で通知し、所定様式の書面（解約請求書）の受託者への提出によって、信託の全部を解約できる。

第21条.（第一受益権の行使事由発生時等における委託者兼第二受益者の金銭の運用の制限）

　　　甲（担保受領者）または乙（担保提供者）に係るEvent of Default等に基づく期限前終了日が指定された後は、甲は信託財産の運用指図はできない。

第22条.（信託終了原因）

　　　甲または乙のデフォルトや破産、契約期間の満了、合意解約等による信託契約の終了と信託財産の換価処分（債券担保の現金化）を規定。

第23条.（信託財産の交付および信託の最終計算）

　　　信託契約の終了時の清算方法を規定。

　　　(1) 甲（担保受領者兼委託者）の破綻による終了の場合は、乙（担保提供者）からの第一受益権行使書の提出によって、受託者（信託銀行）は担保（第一受益権額）を乙に返還し、担保控除後の残余財産を甲に交付する。

　　　(2) 乙（担保提供者）の破綻による終了の場合は、甲（担保受領者兼委託者）からの解約請求書の提出によって、受託者（信託銀行）は甲が受託者に通知した解約清算金（Required IA（/IM））を甲に交付する。

　　　(3) 契約期間の満了、合意解約による終了の場合は、信託財産の全額を甲（担保受領者兼委託者）に返還する。

第24条.（信託業務の委託）

　　　受託者（信託銀行）が信託業務の一部を第三者に委託する際の、委託先の選定基準と委託可能な業務を規定。

第25条.（競合行為）

受託者（信託銀行）が受託者としての権限に基づいて信託事務の処理として行う取引等（競合行為）を、受託者の銀行勘定または受託者の利害関係人の計算で行うことが可能。第24条による第三者への信託業務の委託の場合を想定した規定。

第26条.（信託事務の委託）

受託者（信託銀行）は、信託事務の処理の一部を、他の信託銀行に委託（再信託）することが可能。

第27条.（信託財産の状況等に関する報告書）

受託者（信託銀行）は、毎月末および計算期日を基準日として信託財産の状況に関する報告書を作成して、基準日以降に遅滞なく甲（担保受領者兼委託者）および乙（担保提供者）に交付する。

第28条.（通知等の方法、みなし送達）

信託契約における各種通知の方法を規定。

第29条.（善管注意義務）

受託者（信託銀行）の責任範囲を規定。受託者は善管注意義務を果たしている限り、信託財産の運用により元本割れが発生しても責任を負わない。

第30条.（受託者の免責）

甲、乙の事務過誤、事務懈怠による損害、不可抗力による損害等についての受託者の免責や受託者の法令上の情報開示（守秘義務の免責）を規定。

第31条.（受益者、受託者の変更等）

甲（担保受領者兼委託者）は第一受益者（乙、担保提供者）を変更できない。甲、乙は、信託法第58条4項（注）によって行う場合を除き、受託者（信託銀行）を解任できない。

（注）信託法第58条4項：受託者がその任務に違反して信託財産に著しい損害を与えたことその他重要な事由があるときは、裁判所は、委託

者又は受益者の申立てにより、受託者を解任することができる。

第32条.（受益権の譲渡、質入）

受益権の第三者への譲渡、質入の禁止を規定。

第33条.（印鑑の届出）

甲（担保受領者）および乙（担保提供者）は、それぞれの印鑑を予め受託者に届出る。受託者（信託銀行）は、甲や乙が提出する記名捺印のある各種書類について、印鑑照合によって、その意思表示を確認する。

第34条.（届出事項）

届出印鑑の喪失や変更、代表者等の届出事項の変更の際には、甲（担保受領者）または乙（担保提供者）は直ちに受託者（信託銀行）に届出て、所定の手続を行う義務がある。

第35条.（契約の変更）

法令改正等により、必要に応じて、甲（担保受領者）、乙（担保提供者）、受託者（信託銀行）の協議、合意により、本契約の部分変更が可能。

第36条.（受託者の辞任および選任）

受託者（信託銀行）は、甲（担保受領者）および乙（担保提供者）の承諾を得て、その任務を辞任できる。受託者の辞任時には、甲は乙の承諾を得て新受託者を選任する。

第37条.（協議）

本契約に関する疑義については、甲、乙、受託者で誠意をもって協議を行う。

第38条.（反社会的勢力の排除）

甲、乙、受託者が反社会的勢力でないこと、反社会的な言動を行わないこと、もしそれに違反した場合には、本契約が解約されることを規定。

第39条.（準拠法等）

本契約の準拠法は日本法、裁判管轄は東京地方裁判所の専属管轄と

第7章
「当初証拠金分別信託契約書(特定包括信託契約)」の概要

する。本契約に関する公告は日本経済新聞または官報で行う。

第40条.(契約書等の保管)

　　　本契約の正本は3部作成し、甲、乙および受託者がそれぞれ1部を
　　　保管する。

付則　第1条

　　　担保(信託財産)として預託することが可能な財物を国債、地方債、
　　　社債、外債、現金等とする旨を規定。

付則　第2条

　　　付則の第1条に定める財物を日本国外で決済するために現地金融機関
　　　への担保提供が必要な場合、受託者(信託銀行)は信託財産の中から
　　　担保提供を行うことができる。

付則　第3条

　　　信託財産の価額はその取得価額とするが、信託財産が債券の場合には、
　　　償却原価法に基づいて算定された価額により評価を行う。

付則　第4条

　　　信託報酬の料率を規定。

付則　第5条

　　　乙(担保提供者)の第一受益権行使に対する、甲(担保受領者)によ
　　　る異議申立ての方法とその効果を規定。

付則　第6条

　　　甲(担保受領者)の解約請求に対する、乙(担保提供者)による異議
　　　申立ての方法とその効果を規定。

[記名捺印欄]

実務上、担保提供者、担保受領者、信託銀行、協同受託または再受託してい
る信託銀行の四者間で記名捺印を行う。

4　本契約への典型的な変更点

・信託契約の期間、収益計算期、信託報酬等の具体的な日付、金額の記入。

・信託報酬の負担者を甲（担保受領者／委託者）から乙（担保提供者）に変更。

・信託財産の管理・運用に関する確認規定の追加。

・担保実行等による信託契約の終了時の事務に関する確認規定の追加。

・受託者の辞任と後継受託者の選任に関する確認規定の追加。

[著者略歴]
植木雅広（うえき・まさひろ）

1962年　愛媛県川之江市（現在の四国中央市）生まれ。

1981年　愛光高等学校卒業。

1986年　東京大学法学部卒業。

同　年　第一勧業銀行に入行。本所支店勤務の後、国際資金為替部、市場金融部等にて、1990年から2000年までデリバティブ取引の法務を担当。

1995年　「デリバティブ・ドキュメンテーション」上梓。

1999年　「改訂新版　デリバティブ・ドキュメンテーション」上梓。

2000年　三和銀行に移籍。その後、2度の合併により勤務先がUFJ銀行、三菱東京UFJ銀行と変わるが、2000年から2008年までデリバティブ取引の法務やコンプライアンスを担当。

1999年〜2007年　東京外国為替市場委員会・法律問題小委員会の委員を務める。

2004年　「新デリバティブ・ドキュメンテーション」上梓。

2008年　みずほコーポレート銀行（現みずほ銀行）に移籍、現在までALM部、市場業務部、グローバルマーケッツ業務部、ALM部にてデリバティブ取引の法務を担当。

同　年　「必携デリバティブ・ドキュメンテーション（基本契約書編）」を上梓。

2010年　「必携デリバティブ・ドキュメンテーション」（担保・個別契約書編）を上梓。

2016年　「必携デリバティブ・ドキュメンテーション（実戦編）」を上梓。

現　在　みずほ銀行ALM部参事役。金融法学会会員、日本私法学会会員、日本金融学会正会員、ISDA日本支部ドキュメンテーション・コミッティー等のメンバー。

必携デリバティブ・ドキュメンテーション別冊
サマリー版
当初証拠金契約書の実務

2019年5月24日　初版発行

著　者──植木雅広

発行者──楠 真一郎

発　行──株式会社近代セールス社

〒165-0026　東京都中野区新井2-10-11
ヤシマ1804ビル4階
電話：03-6866-7586　FAX：03-6866-7596

印刷・製本────────三松堂株式会社

本文デザイン・DTP────里村万寿夫

カバーデザイン────────与儀勝美

編集担当─────────飛田浩康

©2019　Masahiro Ueki

本書の一部あるいは全部を無断で複写・複製あるいは転載することは、法律で定められた
場合を除き著作権の侵害になります。

ISBN978-4-7650-2138-8